Educação de jovens e adultos

2ª edição revista e atualizada

Educação de jovens e adultos

Maria Antônia de Souza

inter
saberes

Rua Clara Vendramin, 58 . Mossunguê
CEP 81200-170 . Curitiba . PR . Brasil
Fone: (41) 2106-4170
www.intersaberes.com
editora@intersaberes.com

Conselho editorial	Dr. Alexandre Coutinho Pagliarini
	Dr.ª Elena Godoy
	Dr. Neri dos Santos
	M.ª Maria Lúcia Prado Sabatella
Editora-chefe	Lindsay Azambuja
Gerente editorial	Ariadne Nunes Wenger
Assistente editorial	Daniela Viroli Pereira Pinto
Preparação de originais	Monique Gonçalves
Edição de texto	Arte e Texto Edição e Revisão de Textos
	Caroline Rabelo Gomes
Capa	Charles L. da Silva (*design*)
	dindumphoto/Shutterstock (imagem)
Projeto gráfico	Bruno Palma e Silva
	Mayra Yoshizawa
Diagramação	Andreia Rasmussen
Designer responsável	Charles L. da Silva
Iconografia	Regina Claudia Cruz Prestes

Dados Internacionais de Catalogação na Publicação (CIP)
(Câmara Brasileira do Livro, SP, Brasil)

Souza, Maria Antônia de
 Educação de jovens e adultos / Maria Antônia de
Souza. -- 2. ed. -- Curitiba, PR : Editora Intersaberes, 2023.

 Bibliografia.
 ISBN 978-85-227-0556-6

 1. Educação de jovens e adultos 2. Educação de jovens
e adultos – História – Brasil I. Título.

23-151866   CDD-374

Índices para catálogo sistemático:
1. Educação de jovens e adultos   374

Eliane de Freitas Leite – Bibliotecária – CRB 8/8415

1ª edição, 2012.
2ª ed. rev. e atual., 2023.

Foi feito o depósito legal.
Informamos que é de inteira
responsabilidade da autora a emissão
de conceitos.

Nenhuma parte desta publicação
poderá ser reproduzida por qualquer
meio ou forma sem a prévia
autorização da Editora InterSaberes.

A violação dos direitos autorais
é crime estabelecido na Lei
n. 9.610/1998 e punido pelo art. 184
do Código Penal.

Sumário

Apresentação, 9
Como aproveitar ao máximo este livro, 13
Introdução, 17

1 Breve história da educação de jovens e adultos no Brasil, 31

1.1 Antecedentes do debate sobre a educação de jovens e adultos no Brasil, 32 | 1.2 As campanhas de educação de jovens e adultos a partir de meados do século XX, 42 | 1.3 Desigualdade e escolaridade: por que a educação de jovens e adultos é necessária?, 55

2 Legislação educacional e educação de jovens e adultos no Brasil, 67

2.1 Breve cronologia de atos jurídicos que fizeram emergir práticas de educação de adultos, 67 | 2.2 Diretrizes curriculares e operacionais da educação de jovens e adultos: trajetória de 20 anos, 74 | 2.3 A educação de jovens e adultos nas diretrizes operacionais de 2021, 87 | 2.4 A educação de jovens e adultos no Plano Nacional de Educação de 2001, 94 | 2.5 A educação de jovens e adultos no Plano Nacional de Educação de 2014 a 2024, 102 | 2.6 A educação de jovens e adultos na Base Nacional Comum Curricular e a Política Nacional de Alfabetização, 108 | 2.7 O processo de fortalecimento da educação de jovens e adultos no Brasil: lutas, conquistas, recuos e desafios, 111 | 2.8 Encontros Nacionais de Educação de Jovens e Adultos, 114

3 Formação e prática do educador de jovens e adultos, 127

3.1 Concepções de educação de jovens e adultos ao longo do século XX, 128 | 3.2 Formação do educador e prática na educação de jovens e adultos, 146 | 3.3 Saberes necessários ao educador da educação de jovens e adultos, 152 | 3.4 O que dizem os educandos sobre a educação e o analfabetismo, 155

4 Experiências de educação de jovens e adultos no Brasil: final do século XX e início do século XXI, 167

4.1 Algumas considerações e reflexões, 168 | 4.2 Programa Brasil Alfabetizado, 170 | 4.3 Programa Alfabetização Solidária, 175 | 4.4 Programa Nacional de Educação na Reforma Agrária, 177 | 4.5 Projovem Campo – Saberes da Terra, 181 | 4.6 Programa Nacional de Integração da Educação Profissional com a Educação Básica na Modalidade de Educação de Jovens e Adultos, 184 | 4.7 Movimento de alfabetização de jovens e adultos, 188 | 4.8 Educação de jovens e adultos no Movimento dos Trabalhadores Rurais Sem Terra, 191 | 4.9 Breve síntese de outros programas de EJA, 194

Considerações finais, 203
Lista de siglas, 207
Referências, 211
Bibliografia comentada, 221
Respostas, 223
Sobre a autora, 225

A volta à escola como passageiros da noite e do dia em itinerários pelo direito a um justo viver é uma afirmação de coragem. Superar os medos? A volta a estudar a noite, depois de longas jornadas em trabalhos precarizados, é mais um sinal de coragem. Uma esperança de que ao menos na escola continuem vivos. (Arroyo, 2017, p. 242)

Apresentação

Esta obra tem o objetivo de auxiliar você, leitor, a compreender a educação brasileira, em particular a trajetória da educação de jovens e adultos (EJA), uma modalidade da educação básica com facetas políticas e sociais bem expressivas. Sua trajetória é marcada pela existência de programas governamentais e iniciativas da sociedade civil, associações comunitárias, movimentos sociais, sindicatos e organizações não governamentais (ONGs).

A EJA destina-se a pessoas analfabetas ou que não concluíram a educação básica. Os principais programas de EJA atendem jovens que não concluíram os estudos no tempo regular e pessoas adultas que desejam ampliar sua escolaridade. No meio rural, o número de analfabetos é expressivo e a média de anos de estudo dessa população é menor em relação à população das cidades. No entanto, são raros os programas e os projetos destinados a esse público.

O professor e o futuro profissional da educação, ao estudarem a EJA, terão a oportunidade de analisar aspectos da história da educação brasileira, como a intensa prática social em direção à efetivação do direito à educação, e, portanto, da escolarização ampliada a toda a sociedade.

Na formação de professores, geralmente é priorizado o estudo da educação básica, restando à EJA, à educação especial e à educação a distância, por exemplo, uma carga horária mínima, muitas vezes reduzida a tópicos especiais. Todavia, a prática vem demonstrando que os profissionais da educação se defrontam com uma realidade educacional que exige formação para trabalhar com a diversidade cultural e com as adversidades sociais que marcam a trajetória do país. Em razão disso e das orientações oficiais à formação de professores, constatamos que a disciplina EJA tem sua carga horária ampliada na graduação, particularmente no curso de Pedagogia, incluindo também o estágio curricular. Assim, a intenção é que o conteúdo deste livro auxilie o leitor nas reflexões sobre a história, a formação e a prática voltadas à EJA.

Sabemos que muitos educadores dessa modalidade adquirem saberes pedagógicos durante a própria prática pedagógica e no diálogo com os demais profissionais da escola, o que não diminui a importância dos cursos de formação. É comum, nas falas dos que trabalham com a EJA, ouvir: "É na prática que se aprende como fazer". Entretanto, conhecemos a **práxis,** ou seja, a atividade prática, que é, ao mesmo tempo, teoria e prática, que busca transformar algo e não simplesmente "fazer por fazer". O estudo da EJA é uma maneira de aprofundar os conhecimentos sobre vários aspectos: as características dessa modalidade educacional, os desafios históricos que a educação pública no Brasil enfrenta, a realidade social do país e as contradições que geram a busca pela EJA e a formação e a prática dos professores dessa modalidade. A ampliação do debate sobre essa modalidade da educação básica é uma conquista da sociedade civil, organizada no contexto do processo de democratização das relações sociais e políticas do final do século XX.

Esperamos que você se interesse pelos estudos e pelas investigações na área da EJA e que, caso seja professor, possa fortalecer seus propósitos como profissional da educação, desenvolvendo uma prática atenta às características dos sujeitos e à profundidade dos conteúdos trabalhados em sala de aula. Desejamos que se preocupe com a articulação entre a dinâmica da realidade (cotidiano da vida) e o contexto maior (econômico, cultural, político e social) ao trabalhar com os conteúdos curriculares.

Se, na prática, todos nós aprendemos muito e sempre, é no ambiente educativo, formal ou não, que temos a possibilidade de pensar coletivamente, de debater e de construir argumentos. Quando os construímos, conseguimos fundamentar nossa prática e, ao fundamentá-la, lidamos com o que denominamos *teoria*. Para alicerçar uma prática, é preciso que tenhamos interesse pela leitura e disposição para aprender a transformar a nós mesmos. A prática social efetiva é aquela que expressa a intencionalidade política de transformação, e não de conservação das relações sociais educativas.

Estabelecer relações entre os conteúdos do mundo da vida e os conteúdos escolares é um desafio ao professor. Nas turmas de EJA, em que os alunos, na maioria das vezes, são trabalhadores e já têm vasta experiência de vida, ao professor é lançado o desafio de engajá-los e atraí-los para a continuidade dos estudos, bem como o estudo dos aspectos da realidade desses alunos. Dessa forma, o professor se preocupa com o planejamento das aulas de modo que elas possam motivar e permitir aos alunos que estabeleçam relações entre os conteúdos conhecidos e aqueles que buscam conhecer. O professor que desperta a atitude investigativa é aquele que possui tal atitude como componente essencial da sua prática pedagógica e do seu aprendizado no mundo.

Como escreveu Paulo Freire (1997, p. 32; 127), "ensinar exige pesquisa" e "exige saber escutar", entre tantos outros princípios a serem observados pelo educador que respeita o ser humano e a si próprio como profissional. Porém, o dever não é apenas do professor, é também das políticas públicas municipais, estaduais e federais, na atenção à formação do profissional e na garantia de material bibliográfico e de infraestrutura adequada para que as aulas tenham a qualidade desejada. Muitas aulas de EJA funcionam no período noturno, em salas de aulas destinadas a crianças em outro período do dia. Assim, essas salas estão repletas de materiais que interessam às crianças, e não aos adultos. O que acontece também é que muitos profissionais de EJA são voluntários, o que torna as dificuldades ainda maiores, embora eles nem sempre as explicitem. Que tipo de formação ou estudo continuado é desenvolvido com os professores voluntários? Eis uma questão que deve desafiar a gestão governamental. Afinal, quem são os sujeitos que ensinam e os que aprendem? Quais são suas histórias de vida?

Cada um de nós, professores, tem algo a oferecer na trajetória do mundo escolar de tantos seres humanos, por meio de experiências diversas, bem como temos muito a aprender com a trajetória de vida deles; mas é sempre importante lembrar que, ao professor, cabe o desafio de oferecer aos alunos subsídios para que eles instaurem relações entre tudo o que é estudado na escola e o que é vivido no cotidiano, de modo que os conteúdos escolares estejam associados aos conteúdos socioculturais da população da EJA. Este é o sentido de ser profissional da educação: os conteúdos não estão prontos e acabados; o estudo e o planejamento são essenciais para o desenvolvimento de uma prática pedagógica que se pretende crítica e criativa, fortalecida nos conhecimentos históricos já acumulados e no respeito a cada uma das experiências pontuais da prática social dos sujeitos da educação. O ser crítico é aquele que considera o saber do outro, que o escuta e se disponibiliza a rever os próprios conceitos, por meio do respeito ao pensamento do outro, do diálogo e da clareza dos princípios humanos que defende. O ser crítico interroga a realidade e a si próprio, trabalha coletivamente na busca da superação dos obstáculos impostos pela realidade.

Nesse contexto, no Capítulo 1, abordaremos a caracterização da trajetória da educação de jovens e adultos no Brasil por meio da ênfase aos aspectos culturais, econômicos, políticos e sociais. No Capítulo 2, trataremos da legislação educacional brasileira e do lugar destinado à EJA nela. No Capítulo 3, focaremos na formação do educador e nos desafios que permeiam sua prática no contexto educacional. Por fim, no Capítulo 4, destacaremos quais são os principais programas e projetos de EJA em desenvolvimento no Brasil, atentando-nos às inquietações que emergem das práticas políticas e pedagógicas.

Boa leitura!

Como aproveitar ao máximo este livro

Empregamos nesta obra recursos que visam enriquecer seu aprendizado, facilitar a compreensão dos conteúdos e tornar a leitura mais dinâmica. Conheça a seguir cada uma dessas ferramentas e saiba como elas estão distribuídas no decorrer deste livro para bem aproveitá-las.

Introdução do capítulo

Logo na abertura do capítulo, informamos os temas de estudo e os objetivos de aprendizagem que serão nele abrangidos, fazendo considerações preliminares sobre as temáticas em foco.

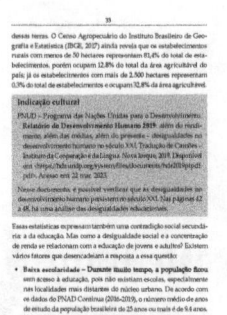

Indicações culturais

Para ampliar seu repertório, indicamos conteúdos de diferentes naturezas que ensejam a reflexão sobre os assuntos estudados e contribuem para seu processo de aprendizagem.

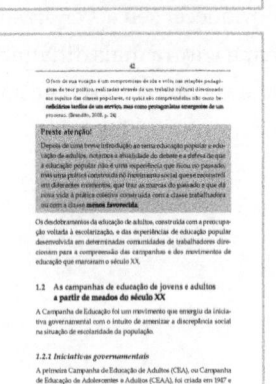

Preste atenção!

Apresentamos informações complementares a respeito do assunto que está sendo tratado.

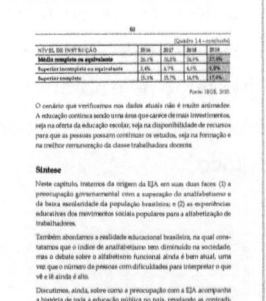

Síntese

Ao final de cada capítulo, relacionamos as principais informações nele abordadas a fim de que você avalie as conclusões a que chegou, confirmando-as ou redefinindo-as.

Atividades de autoavaliação

Apresentamos estas questões objetivas para que você verifique o grau de assimilação dos conceitos examinados, motivando-se a progredir em seus estudos.

Atividades de aprendizagem

Aqui apresentamos questões que aproximam conhecimentos teóricos e práticos a fim de que você analise criticamente determinado assunto.

Bibliografia comentada

Nesta seção, comentamos algumas obras de referência para o estudo dos temas examinados ao longo do livro.

Introdução

Tudo o que fazemos na vida tem uma intenção individual e, ao mesmo tempo, coletiva e política, pois determina novas relações. Com a educação escolar não é diferente. O caminho que temos percorrido vai ao encontro de uma concepção que indaga as práticas pedagógicas. É com a preocupação em interrogar tudo o que lemos, fazemos, vivemos e praticamos que o conteúdo deste livro foi estruturado. A escolha pelo trabalho com uma disciplina curricular não se dá ao acaso, ela guarda relação com nossa experiência profissional e de vida.

A realidade daqueles que não tiveram acesso à escola na idade adequada é (re)conhecida por milhares de pessoas. Muitos adultos são pessoas trabalhadoras, migrantes de outros estados, que contam com bagagem cultural e repertório de mundo amplos, mas anseiam pela ampliação de seus conhecimentos. Outros jovens e adultos são pessoas que têm suas trajetórias de vida marcadas por exclusão, lutas, perdas e esperanças. Ao profissional crítico, cabe a tarefa de explorar esses aspectos dos "sujeitos de pedagogias", como denomina Arroyo (2017, p. 85), e construir relações entre estes e os conteúdos necessários a um aprendizado que vá além do estágio em que se encontram. Um aprendizado que amplie as ferramentas culturais, ideológicas e políticas dos sujeitos para que eles possam lidar com o mundo.

Nossa intenção aqui é motivar o leitor a pensar a educação de jovens e adultos (EJA) e sua trajetória no contexto da educação brasileira.

Nesse sentido, levantamos os seguintes questionamentos: Por que, no século XXI, ainda falamos em *educação de jovens e adultos*, e não somente em *educação de adultos*? Quais são os fatores que fazem os jovens buscarem essa modalidade da educação básica? O que mudou nos últimos anos? Por que falar em EJA profissional? O que aconteceu na história de vida das pessoas que não concluíram a escolaridade na idade adequada? De que forma a política educacional incorporou a EJA como modalidade educacional básica? O Plano Nacional de Educação (PNE 2014 a 2024), aprovado pela Lei n. 13.005, de 25 de junho de 2014 (Brasil, 2014a), fortalece a EJA? A Base Nacional Comum Curricular (BNCC) apresenta contribuições à EJA? Qual a formação dos professores que trabalham com esse segmento? Quais dificuldades enfrentam em sua prática pedagógica? E a educação popular, ainda existe? Essas e outras tantas são questões sobre as quais queremos refletir. A EJA é uma modalidade da educação básica, reconhecida na LDBEN (Lei de Diretrizes e Bases da Educação Nacional) – Lei n. 9.394, de 20 de dezembro de 1996 –, que, em seu art. 37, assim dispõe:

> A educação de jovens e adultos será destinada àqueles que não tiveram acesso ou continuidade de estudos nos ensinos fundamental e *médio* na idade própria e constituirá instrumento para a educação e a aprendizagem ao longo da vida. (Redação dada pela Lei nº 13.632, de 2018). (Brasil, 1996b)

É nossa tarefa compreender a trajetória da EJA no Brasil, sua legislação e suas diretrizes curriculares no âmbito das políticas públicas, bem como conhecer movimentos nacionais e internacionais que debatem as experiências educacionais e as políticas necessárias a esse segmento de ensino. O conhecimento dessas experiências ampliará as ferramentas para a análise da realidade brasileira e de programas e projetos que se destinam a jovens e adultos, tanto os analfabetos quanto os com escolaridade incompleta.

Nesse sentido, vamos introduzir a discussão sobre o percurso da EJA no Brasil partindo de algumas perguntas.

Quem são os sujeitos da EJA? O que buscam?

É consenso entre educadores e pesquisadores que o sujeito da EJA tem vasta bagagem cultural, motivo pelo qual os conteúdos ensinados precisam ter estreita ligação com essa realidade.

Segundo a Lei n. 9.394/1996, conhecida como *Lei de Diretrizes e Bases da Educação Nacional* (LDBEN):

> Art. 37. [...]
>
> § 1º Os sistemas de ensino assegurarão gratuitamente aos jovens e aos adultos, que não puderam efetuar os estudos na idade regular, oportunidades educacionais apropriadas, **consideradas as características do alunado, seus interesses, condições de vida e de trabalho, mediante cursos e exames**. (Brasil, 1996b, grifo nosso)

Mas quais são as características do alunado? Miguel Arroyo (2017, p. 85), ao dialogar com os trabalhadores do campo, afirma: "Reconhecê-los sujeitos de pedagogias pressupõe desconstruir o paradigma hegemônico e reconhecê-los sujeitos de outro paradigma pedagógico"; são "passageiros em itinerários, de ônibus ou a pé, pelas cidades, pelos campos" (Arroyo, 2017, p. 32).

Esse contexto gera um desafio à prática pedagógica da EJA, seja no campo, seja na cidade. Dos trabalhadores e dos movimentos sociais vêm outras formas de pensar a escola, a educação, a formação; formas que interrogam a lógica da padronização dos conteúdos e da negação das experiências de vida e o discurso "inclusivo" que trata o outro como ser inferiorizado.

Em meados do século passado, por volta de 1940, havia poucas escolas na área rural e, no país, difundia-se a ideia de que o trabalhador do campo não precisava de estudos para "pegar na enxada". Nessa época, os dados demonstravam que o analfabetismo era uma das características do que se denominava *subdesenvolvimento do país*, de modo que as autoridades políticas dedicaram atenção a essa parcela da população a fim de que ela adquirisse formação para decifrar os códigos da escrita.

Como afirma Kleiman (2000, p. 17), "O adulto que não sabia ler e nem escrever era considerado deficiente e incapaz de aprender". Essa concepção, predominante nos primeiros anos do século XX, deixou de ser aceita nos círculos acadêmicos a partir da década de 1950, muito em razão de trabalhos de educadores e psicólogos. Porém, o "preconceito não sumiu do imaginário nacional e continua influenciando o trabalho de muitos professores, os quais, assim, justificam o fracasso de seus alunos" (Kleiman, 2000, p. 17). Os anos de 1950 foram de efervescência no que se refere a debates sobre a educação de adultos, com destaques para as conferências nacionais e a emergência das ideias e experiências de Paulo Freire em coletivos de educação popular.

Ao longo da leitura desta obra, você vai constatar que o sujeito da EJA não é aquele que fracassa, mas aquele que tem coragem. É preciso desmontar a ideia de fracasso escolar atribuída a esse aluno. Existem fatores estruturais, de raízes profundas na sociedade, que são, em grande medida, responsáveis pela existência de pessoas fora da escola, assim como também há aquelas que desistem, que ingressam tardiamente ou que repetem várias vezes de ano. As condições e desigualdades sociais somadas às frágeis políticas educacionais no país integram o rol de fatores que contribuem para a existência de analfabetos, de pessoas com baixa escolaridade e, consequentemente, de projetos e programas de EJA.

Além do mais, devemos notar que inúmeras mudanças econômicas, sociais e políticas marcaram o século XX. No campo tecnológico, o avanço é notório, o que abre espaço para que novos formatos de EJA sejam realizados, sendo um deles a EJA a distância.

A categoria dos jovens integra grande parte de projetos e programas de EJA. Há um movimento na sociedade e no mundo escolar que faz com que o jovem não termine sua escolaridade no tempo e no ensino regular. E, se os sujeitos têm especificidades, seja como trabalhador ativo, seja como pessoa em busca de emprego, é importante que a prática educativa e os conteúdos escolares ultrapassem os limites tradicionais e se articulem com as experiências e as inquietações vividas cotidianamente.

No passado, os sujeitos da educação de adultos buscavam o estudo como forma de se inserirem no mundo da produção industrial, como maneira de melhorar de emprego e de superar a vergonha de ser analfabeto em uma sociedade em que o processo de industrialização estava em franco desenvolvimento.

Como afirma Melo (1997, p. 41):

> A alfabetização da história oficial, via campanhas ou via ensino público regular, tem sido planejada a partir de uma fala apropriada de grupos de trabalhadores e, por isso, nada mais tem significado, na prática, do que uma alfabetização mecânica, funcional em que o ato de ler e de escrever tem se transformado em simples aquisição de algumas habilidades técnicas, motoras, cujo objetivo tem sido direcionado para o aumento da produtividade do sistema. A alfabetização – como mero valor de produtividade – tem condicionado os trabalhadores a aceitarem, em muitos momentos, as regras e as imposições do capital. Tem-se armado, portanto, um jogo de linguagem em que a apropriação e a submissão têm adquirido várias faces.

Signorini (2000, p. 43-44) relata o estudo desenvolvido com trabalhadores safristas da cana e afirma:

> O que se pode verificar, de fato, é que tanto a condição de "safrista" quanto a de "boia-fria" determinam modos precários de inserção desses trabalhadores na comunidade local e, em consequência disso, nas atividades socioculturalmente significativas. A condição de migrante da zona rural de regiões não desenvolvidas do país é um agravante nesse processo de inserção precária na medida em que cria demandas múltiplas de adaptação acelerada do trabalhador a ritmos e a práticas fortemente determinadas pela referência industrial urbana, inclusive no trabalho agrícola controlado pelas usinas, com seus parâmetros de otimização e de produtividade.

O que buscam hoje os sujeitos da EJA? Sabemos que a maioria deles é jovem, têm entre 15 e 29 anos. Alguns continuam buscando alternativas de melhorar a condição de emprego, ou seja, há uma racionalidade técnica por trás da continuidade escolar; outros têm a intenção de conquistar o primeiro emprego ou obter o diploma escolar; há também aqueles que, em razão de repetência ou desistência no ensino regular, retornam aos bancos escolares com a intenção de ampliar a escolaridade.

Como afirma Arroyo (2007, p. 6), "Parece-me que ao longo desses últimos anos, cada vez mais a juventude, os jovens e os adultos populares estão mais demarcados, segregados e estigmatizados. [...] A juventude popular está cada vez mais vulnerável, sem horizontes, em limitadas alternativas de liberdade". É essa juventude que tem sido o sujeito central nas salas de EJA. Desse modo, questionamos: O que muda na organização do trabalho pedagógico? Já que os estudantes estão cada vez mais excluídos da sociedade, qual é a tarefa da escola? São perguntas que todos os educadores, gestores e representantes governamentais deveriam fazer, afinal, a tarefa vai além dos muros escolares e depende de atitude política de valorização desse segmento social que vive na pele as contradições do modo de produção capitalista.

Dessa forma, os sujeitos da EJA hoje são diversos: trabalhadores do campo e da cidade, desempregados, aposentados, jovens empregados e em busca do primeiro emprego, pessoas com deficiências, entre outros. Daí decorre também a preocupação com o conceito de diversidade cultural no contexto da EJA. A relação entre educação e trabalho está bastante presente nessa modalidade da educação básica, a exemplo dos programas que atendem às demandas voltadas ao ensino médio e profissional. Como afirma Arroyo (2007, p. 7), "A EJA tem que ser uma modalidade de educação para sujeitos concretos, em contextos concretos, com históricas concretas, com configurações concretas".

> As identidades da EJA começam no ponto de ônibus, onde começam as identidades de estudantes como jovens-adultos. Lá se encontram com outros-outras colegas, amigos, com outros trabalhadores voltando do trabalho. Nem todos indo para a EJA. As filas dos ônibus das periferias são lugar de encontro dos trabalhadores/as das periferias. No esperar, no pegar o ônibus, começa sua identidade de estudantes. (Arroyo, 2017, p. 32)

Esses itinerários geram interrogações quanto ao currículo e às práticas pedagógicas e impõem às políticas educacionais e à organização escolar grandes desafios.

A quem interessa a EJA politicamente?

Desde 1949, no plano internacional, acontece a Conferência Internacional de Educação de Adultos (Confintea). Nessas conferências, o debate caminha do questionamento em torno do papel do Estado na educação de adultos até a alfabetização e a aprendizagem como direitos.

No plano nacional, foi a partir de meados do século XX que os programas governamentais e as campanhas populares conquistaram espaço. Em meio a mudanças políticas e socioeconômicas, a educação de adultos continua na pauta de movimentos, organizações e instâncias governamentais. Resta analisar o que, de fato, tem sido feito na escolarização e na efetivação do direito de acesso ao conhecimento no país.

Durante muito tempo, a EJA teve o intuito de superar o atraso daqueles que não sabiam ler nem escrever, adotando uma concepção instrumental de educação, sem levar em conta a experiência de vida dos trabalhadores. Havia o interesse político de erradicar um dos males do subdesenvolvimento, mas não o de provocar rupturas para superação dos reais problemas sociais e estruturais da sociedade brasileira, como a concentração de renda e de terras.

Os movimentos populares, em meados do século XX, dedicaram atenção à educação de adultos. Paulo Freire, associado a uma equipe de educadores comprometidos com a mudança social, sistematizou uma concepção de educação que se contrapunha à concepção instrumental, com o objetivo de promover outra intencionalidade política à educação e à EJA. Assim, ele organizou as experiências que são as bases da concepção dialógica da educação, a qual, na modalidade da EJA, tem a investigação de palavras e temas geradores como fonte da prática pedagógica e como um dos componentes do processo de conscientização, emancipação e libertação. Mais do que isso, esse educador formulou a concepção de alfabetização como ato de conhecimento, compreensão do mundo e da importância do sujeito no mundo e em sua transformação.

Em tempos anteriores, a educação de adultos era uma alternativa que o Estado oferecia às pessoas para iniciarem ou darem continuidade aos estudos. A educação popular constituía uma alternativa de estudo, particularmente para os trabalhadores. Nela, assentava-se uma intencionalidade política, de libertação, de conscientização e de transformação das pessoas e da sociedade.

Em tempos atuais, a EJA está presente em muitos projetos, dos municipais aos federais, mas parece carregar uma preocupação política com a certificação das pessoas, com a ampliação do número de escolarizados, e não com os conhecimentos a serem desenvolvidos nessa modalidade da educação básica. Ao mesmo tempo em que se enfatiza o direito social à educação, parece haver um distanciamento em relação ao direito humano de acesso ao conhecimento.

Podemos interrogar se a ampliação do debate da EJA ao final do século XX decorre das reflexões e projeções elaboradas nas Confinteas. A primeira delas ocorreu no final de 1940, na Dinamarca; em 1960, foi no Canadá; em 1972, no Japão; em 1985, na França; em 1997, na Alemanha; em 2003, na Tailândia; em 2009, no Brasil, e, em 2022, em Marrocos. Essas conferências têm debatido a cooperação necessária ao desenvolvimento da educação de adultos, o papel do Estado nela, o direito de aprender, o papel da alfabetização na equidade e no reconhecimento das diferenças e a avaliação das metas da década do milênio.

Fazendo uma retrospectiva no plano internacional, Gadotti (2005a, p. 34) afirma que "foi na IV Confintea, realizada na cidade de Paris, em 1985, que emergiu uma pluralidade de termos para se referir à educação de jovens e adultos, a exemplo de *alfabetização de adultos, pós-alfabetização, educação rural, educação cooperativa* etc.". Assim, a denominação *educação de adultos* perdeu força.

Vale destacar, como o leitor pode perceber, que ora utilizamos a expressão *educação de adultos*, ora falamos em *EJA*. No Brasil, foi com a LDBEN que a terminologia passou a ser *EJA*, dando novas faces ao chamado *ensino supletivo* – anunciado na Lei n. 5.692, de 11 de agosto de 1971 (Brasil, 1971) – e à educação popular, nos termos em que foi discutida na década de 1960.

Em 1990, na Conferência Mundial sobre Educação para Todos, em Jomtien, na Tailândia, os participantes proclamaram a Declaração Mundial sobre Educação para Todos: Satisfação das Necessidades Básicas de Aprendizagem.

A EJA constituiu uma das frentes de debate nessa conferência, na qual os dez objetivos foram (Unicef, 1990):

1. satisfazer às necessidades básicas de aprendizagem;
2. expandir o enfoque;
3. universalizar o acesso à educação e promover a equidade;
4. concentrar a atenção na aprendizagem;
5. ampliar os meios e o raio de ação da educação básica;
6. propiciar um ambiente adequado à aprendizagem;
7. fortalecer as alianças;
8. desenvolver uma política contextualizada de apoio;
9. mobilizar os recursos;
10. fortalecer a solidariedade internacional.

Desde a década de 1990, modificações foram realizadas na legislação, e diretrizes curriculares de EJA foram publicadas, bem como metas foram inseridas no PNE de 2014 (aprovado pela Lei n. 13.005/2014). Enfim, o estudo da legislação da EJA auxilia na compreensão das faces políticas dessa modalidade educacional. Não menos importante é o estudo dos movimentos populares que dedicaram atenção à EJA, nos quais fica evidente outra face política, no plano internacional de debate, sob a bandeira dos direitos sociais e da cidadania.

Devemos nos perguntar se, em meio a tantas conferências, encontros, movimentos e propostas educacionais, a EJA atingiu alguns de seus propósitos, bem como qual tem sido a função social de projetos e programas de EJA no Brasil.

No último capítulo desta obra, você encontrará a descrição de alguns projetos de EJA. Procure pensar e verificar o que eles têm acrescentado à realidade educacional.

Quais práticas já foram empreendidas na EJA?

Duas concepções de educação marcaram a prática educativa da EJA: (1) a instrumental, em que se valorizava a técnica de ensino, a memorização, a decodificação, enfim, o montar e o desmontar palavras, sem a preocupação com processos educativos que permitissem o **estabelecimento de relações entre o mundo da vida e o mundo escolar**; e (2) a sustentada pela experiência e pelos estudos da equipe de Paulo Freire e dos movimentos sociais populares, que defendia a educação dialógica, pela qual os conteúdos do mundo deveriam ser identificados aos sujeitos da educação e, então, tornar-se parte dos trabalhos escolares. Com isso, seria possível problematizar a realidade da população, bem como lhe favorecer a aquisição das condições de oralidade, leitura e escrita das primeiras palavras, frases e textos. Assim, a educação teria uma função social de ensinar a ler, escrever e, especialmente, trabalhar com a leitura de mundo, em uma perspectiva de conscientização política.

Portanto, trata-se de duas práticas: (1) centrada na técnica de ensino e (2) focada na intenção de desenvolver processos de conscientização política e valorização do ser humano mediante o reconhecimento de sua prática social.

Conforme Pinto (2000), a concepção ingênua da educação vê o educando como ignorante. Negando esse pensamento, ele afirma que "A educação escolar ou de adultos sempre toma o educando já como portador de um acervo de conhecimento [...] resultados da prática social do homem (criança ou adulto) e de sua formação até o momento em que começar a receber educação institucionalizada" (Pinto, 2000, p. 61).

Outra característica que identificamos nessa concepção é ver o educando como puro objeto da educação, e esta é a "atitude ingênua mais frequente: supor que cabe ao educador formar, plasmar o aluno (como se costuma dizer), concebendo-o como massa amorfa à qual compete dar a forma viva ao saber" (Pinto, 2000, p. 61). São características também pensar a educação como transferência de conhecimentos finitos e percebê-la como dever moral da fração adulta, educada e dirigente da sociedade.

Contrapondo-se a esse modo de conceber o sujeito do processo educativo nessa ação, Pinto (2000, p. 64-65) esclarece a concepção crítica de educação, em que o educando é visto como "sabedor e desconhecedor" – ele é sujeito da educação, que consiste em uma nova proporção entre conhecimento e desenvolvimento.

Como afirmam Souza e Mota (2007, p. 507),

> A necessidade de reconhecer o ambiente de origem do aluno, a "ecologia linguística" da sua comunidade, torna-se fundamental para promover o diálogo em sala de aula, considerando que a aprendizagem se processa pela interação (ou "inter-ação") entre os interlocutores e seus textos orais e escritos.

É como escreve Arroyo (2017, p. 46), "os saberes do currículo e de cada área do conhecimento se enriquecerão se privilegiarem sua condição de trabalhadores/as, suas vivências do trabalho, seus saberes sobre o trabalho e os processos de formação nas vivências do trabalho".

O estudo das concepções de educação que orientaram a EJA em cada momento de sua trajetória facilitará a compreensão das diferentes práticas pedagógicas e de suas intencionalidades.

É buscando conhecer que se conhece. A dúvida, a interrogação, a curiosidade e a dialogicidade são características imprescindíveis a uma prática criativa. Por isso, busque conhecer mais, explorar as obras e as sugestões para pesquisa indicadas ao longo deste livro.

Capítulo um

Breve história da educação de jovens e adultos no Brasil

A história da educação de jovens e adultos (EJA) insere-se em um cenário econômico, social e político, estando, geralmente, atrelada à relação entre trabalho e educação, uma vez que seus sujeitos são trabalhadores, jovens em busca do primeiro emprego, pessoas desempregadas e/ou aposentadas. Assim, é importante pensar no sujeito e nos aspectos de sua realidade quando analisamos programas e campanhas governamentais, mas questionamos: Quando os trabalhadores tiveram voz ativa na educação?

Há um movimento que direciona a EJA para os programas governamentais e outro que a vincula aos moldes da educação popular, gerando uma prática pedagógica que, muitas vezes, entra em confronto com a enfatizada nos programas governamentais. Na sociedade, há a prática e a política da EJA que ocorrem fora da escola ou em parcerias com organizações sociais e também há a prática e a política voltadas para jovens e adultos que costumeiramente se constituem sem o diálogo com esses sujeitos.

Considerando esse contexto, neste capítulo tratamos de alguns aspectos socioeconômicos que influenciaram a educação brasileira, possibilitando a análise da EJA em relação às necessidades sociais e políticas que marcaram as conjunturas político-econômicas da história brasileira.

1.1 Antecedentes do debate sobre a educação de jovens e adultos no Brasil

A educação é um dos direitos sociais garantidos no texto constitucional de 1988. Ela é pautada nas lutas de diversos movimentos sociais por acesso e continuidade dos estudos na escola. A educação também é um dos elementos do contexto social de toda e qualquer sociedade e está atrelada ao cenário conjuntural econômico-político de cada momento histórico. Por isso, falamos em *antecedentes* do debate da EJA no Brasil, ou seja, para articulá-la com questões sociais que resultam da lógica contraditória do sistema capitalista: alguns moram em mansões e diversos outros estão embaixo de pontes; uns estudam e conquistam diplomas, ao passo que outros lutam pelo acesso à escola; alguns são aprovados como ilustres na escola, em vestibulares e concursos, mas outros são reprovados; só para citar algumas entre tantas outras relações de desigualdade. A EJA, assim, está localizada nesse conjunto de relações sociais contraditórias que marcam a sociedade brasileira, em um cenário de exclusão e desigualdade social.

1.1.1 Desigualdade social

É notório que a desigualdade social marca o Brasil, assim como a concentração de terra e de renda; e, para compreendermos esse cenário, precisamos recordar alguns fatos do passado, como direitos diferentes para senhores e escravos, proibição do voto à pessoa analfabeta, seleção de pessoas votantes pela renda anual líquida, discriminação por cor, religião, raça etc.

Esse passado reflete nosso cenário atual, no qual, segundo dados do Projeto Terra Solidária (2000), 86,89% das pessoas que vivem da agricultura familiar ocupam uma área de 40% das terras cultiváveis do país, ao passo que os 11,97% da agricultura não familiar (capitalista, patronal e latifundiária) ocupam 60%. Portanto, a maioria dos pequenos proprietários de terra habita a minoria das terras agricultáveis do país, e a minoria de grandes proprietários possui mais de 50% dessas terras. O Censo Agropecuário do Instituto Brasileiro de Geografia e Estatística (IBGE, 2017) ainda revela que os estabelecimentos rurais com menos de 50 hectares representam 81,4% do total de estabelecimentos, porém ocupam 12,8% do total da área agricultável do país; já os estabelecimentos com mais de 2.500 hectares representam 0,3% do total de estabelecimentos e ocupam 32,8% da área agricultável.

> **Indicação cultural**
>
> PNUD – Programa das Nações Unidas para o Desenvolvimento. **Relatório do Desenvolvimento Humano 2019**: além do rendimento, além das médias, além do presente – desigualdades no desenvolvimento humano no século XXI. Tradução de Camões – Instituto da Cooperação e da Língua. Nova Iorque, 2019. Disponível em: <https://hdr.undp.org/system/files/documents/hdr2019ptpdf.pdf>. Acesso em: 22 mar. 2023.
>
> Nesse documento, é possível verificar que as desigualdades no desenvolvimento humano persistem no século XXI. Nas páginas 42 a 48, há uma análise das desigualdades educacionais.

Essas estatísticas expressam também uma contradição social secundária: a da educação. Mas como a desigualdade social e a concentração de renda se relacionam com a educação de jovens e adultos? Existem vários fatores que desencadeiam a resposta a essa questão:

- **Baixa escolaridade** – Durante muito tempo, a população ficou sem acesso à educação, pois não existiam escolas, especialmente nas localidades mais distantes do núcleo urbano. De acordo com os dados do PNAD Contínua (2016-2019), o número médio de anos de estudo da população brasileira de 25 anos ou mais é de 9,4 anos. Vale destacar que entre a população rural o número de anos de estudo chega à metade da média nacional (IBGE, 2020).
- **Ideologia relacionada a trabalho no campo e estudo** – O Brasil foi marcado por relações de trabalho predominantemente rurais até meados do século XX. Nesse período, acreditava-se que, para

trabalhar no campo, não era necessário estudo. Além disso, no Brasil há pouca valorização do rural, da agricultura familiar e dos povos que habitam e trabalham no campo, nas águas e nas florestas. Nesse cenário, escolas são fechadas nessas localidades, restando a essa população deslocarem-se para as cidades. Na EJA, essa realidade torna-se mais complexa, pois, para acessarem a escola, jovens e adultos trabalhadores têm de viajar horas de ônibus e, em algumas situações, enfrentar ensino e conteúdos que nada se articulam com suas experiências e seus conhecimentos.

- **Exclusão social** – Até 1888, as relações escravocratas predonivam no campo e o analfabetismo era quase generalizado. Passados mais de 100 anos desde a abolição da escravatura, a desigualdade social continua marcando a sociedade brasileira, expressando-se na educação entre população do campo e da cidade, entre brancos e negros, homens e mulheres.
- **Inserção nas relações de trabalhos** – Diante da pobreza e da concentração de renda, jovens começam a trabalhar desde muito cedo. Reside aí um dos fatores, ao lado de tantos outros, que contribui para a repetência e a desistência escolar.
- **Deficiência na formação dos professores** – Uma frágil formação articula-se a uma difícil prática pedagógica, o que abre espaço para a reprodução da prática educacional "bancária" – para usar um conceito sistematizado por Paulo Freire. Essa prática contribui para o desânimo daqueles que estudam, especialmente no período noturno. Vale mencionar que, segundo o Censo Escolar da Educação Básica 2021, "A EJA de nível fundamental concentra, proporcionalmente, o maior número de matrículas na rural (25,3%)" (Brasil, 2022c, p. 31). Isso significa que uma parcela da população do campo não concluiu a educação fundamental. Nos processos formativos de professores, raramente a educação rural ou do campo tem lugar, o que gera dificuldades aos profissionais que trabalham com essas turmas.
- **Tardia prática da educação escolar pública e de educação de adultos no país** – A política educacional de nosso país tem seus

primórdios com a vinda da família real para o Brasil, em 1808; porém, no decorrer desse século, debates, projetos etc. tentaram colocar em foco a educação popular e, com ela, a obrigatoriedade e a gratuidade do ensino. Os altos índices de analfabetismo constituíram um dos indicadores de subdesenvolvimento do país, motivo pelo qual se buscava pensar o ensino e as reformas educacionais. A população pobre era a mais atingida pela falta de acesso à escola e as mulheres mais pobres não recebiam instrução, enquanto as da elite recebiam educação em casa.

Em síntese, desigualdade social e exclusão são facetas que marcaram a educação brasileira ao longo da história, a exemplo do que ocorre com a educação de adultos. E na história presente, como está a realidade educacional?

Indicação cultural

BRASIL. Ministério da Educação. Instituto Nacional de Estudos e Pesquisas Educacionais Anísio Teixeira. **Resumo técnico**: Censo Escolar da Educação Básica 2021. Brasília, DF: Inep, 2022. Disponível em: <https://download.inep.gov.br/publicacoes/institucionais/estatisticas_e_indicadores/resumo_tecnico_censo_escolar_2021.pdf>. Acesso em: 22 mar. 2023.

O texto traz indicadores da realidade educacional brasileira que podem auxiliar suas reflexões e seu estudo.

1.1.2 A educação de adultos e a educação popular

A educação que hoje é denominada de *jovens e adultos*, em outra perspectiva, já foi chamada de *educação de adultos* e de *educação popular*. A educação popular é um paradigma educacional, se assim se pode dizer, que articula o acesso ao conhecimento a processos emancipatórios. Ela foi desenvolvida no contexto de movimentos populares e de trabalhadores. Paulo Freire é um dos educadores que adensou o debate da educação popular no Brasil, particularmente nos anos de 1960.

A educação de adultos tem trajetória secular na educação brasileira, tendo como bandeira central a superação do analfabetismo. Inúmeros programas e projetos governamentais foram destinados à alfabetização e à escolarização de jovens e adultos. Nesse sentido, é importante verificar as especificidades da educação de adultos e da educação popular, assuntos que conferiremos a seguir.

Indicação cultural

ARROYO, M. G. Paulo Freire: outro paradigma pedagógico? **EDUR – Educação em Revista**, Belo Horizonte, v. 35, p. 1-20, jan./dez. 2019. (Dossiê: Paulo Freire – o legado global). Disponível em: <https://www.scielo.br/j/edur/a/yntcdQPN9668CrYfmw6QTcQ/?lang=pt>. Acesso em: 23 mar. 2023.

Uma leitura fundamental para a compreensão do movimento popular da educação de adultos.

1.1.2.1 O adulto na legislação

Saber ler e escrever, especialmente entre adultos, foi motivo de maior atenção na história da educação brasileira com a Lei Saraiva ou Nova Lei Eleitoral (Decreto n. 3.029), sancionada pelo imperador, em 9 de janeiro de 1881 (Brasil, 1881). O conselheiro Saraiva, responsável pela modificação da lei vigente, aboliu as eleições indiretas e adotou o voto do analfabeto, proibido novamente na Constituição de 1891 (Brasil, 1891).

A Constituição de 1824 não fazia restrição ao voto do analfabeto, embora excluísse a maioria da população do processo eleitoral, pois os votantes eram selecionados por seus rendimentos anuais líquidos (Brasil, 1824). Já a "Constituição de 1891 eliminou a seleção por renda e acrescentou a seleção pelo aspecto da instrução escolar" (Paiva, 1987, p. 73).

No final do século XIX, a maior parte da população do país, em torno de 80%, era considerada analfabeta. Aqueles que idealizavam a valorização da educação esperavam que a restrição ao voto do analfabeto fosse ampliar a expansão do sistema escolar, o que não ocorreu.

Segundo Paiva (1987, p. 85), "O censo de 1890 informava a existência de 85,21% de iletrados na população total". O índice de analfabetismo era motivo de vergonha nacional, e a educação passou a ser considerada necessária para a elevação cultural da nação.

O adulto iletrado marcava uma sociedade bastante subdesenvolvida, sendo tratado como ser "ignorante" e com necessidade de "ajuste social". Nesse contexto, a educação era um dos caminhos para superar o atraso em que, conforme se dizia no campo da política, encontrava-se a sociedade brasileira.

O adulto, nos primeiros programas governamentais, vivenciava uma educação nos moldes daquela desenvolvida com as crianças. Com o acúmulo de experiências e o avanço da concepção de educação popular, os conteúdos e as metodologias que fundamentavam a educação oficial de adultos passaram a ser questionados.

Assim, aos poucos, novas metodologias passaram a integrar a denominada *educação de jovens e adultos*, de modo que os sujeitos dela começaram a ser pensados como pessoas trabalhadoras que contam com vasta experiência de vida ou jovens inseridos em determinados contextos culturais, com saberes que podem ser potencializados nos processos educativos formais e não formais (que se desenvolvem fora do ambiente escolar e das regras específicas do sistema nacional de educação).

1.1.2.2 *A educação popular*

No início do século XIX, a educação do povo, segundo Paiva (1987, p. 63), "não era sentida como uma necessidade social e econômica muito forte". Brandão (2008, p. 25) mostra que, em bairros operários de São Paulo, Rio de Janeiro e Rio Grande Sul, surgiram, no fim do século XIX e começo do século XX, "projetos de educação realizados por meio de pequenas escolas de trabalhadores, destinadas a operários e adultos e a filhos de operários. Escolas de vocação anarquistas e, em menor escala, comunista, foram criadas em bairros no entorno das fábricas".

Paiva (1987, p. 72) demonstra que Rui Barbosa, em 1882, manifestou preocupação com a educação popular, ao salientar a "absoluta miséria do ensino popular no país", chamando a atenção para os parcos recursos orçamentários que eram destinados à educação, em torno de 1,99%, ao lado de despesas militares da ordem de 20,86% do total de despesas do Império. Sua ênfase voltava-se para a responsabilidade do Estado com a educação pública.

Paiva (1987, p. 72-73), citando Rui Barbosa, indica que o polímata brasileiro confiava que a difusão do ensino traria benefícios sociais e econômicos para a nação:

> A produção [...] é um efeito da inteligência: está, por toda a superfície do globo, na razão direta da educação popular. Todas as leis protetoras são ineficazes para gerar a grandeza econômica do país; todos os melhoramentos materiais são incapazes de determinar a riqueza, se não partirem da educação popular, a mais criadora de todas as forças econômicas, a mais fecunda de todas as medidas financeiras.

No início do século XIX, instalou-se um debate sobre a obrigatoriedade do ensino: "Enquanto a gratuidade do ensino, através do sistema público, fora estabelecida desde a lei de 1827, a obrigatoriedade tornou-se um problema [...] não tinha condições de ser cumprida por falta de escolas, de professores e em face às condições de vida dos próprios alunos" (Paiva, 1987, p. 73).

Segundo Paiva (1987), a educação de adultos se desenvolveu de maneira precária na década de 1870, com a criação das escolas noturnas em quase todas as províncias. No final do período imperial, vários projetos de reforma foram apresentados à assembleia geral, entre os quais o parecer-projeto de Rui Barbosa, de 1882, que trazia um diagnóstico da situação educacional brasileira do ensino elementar. A argumentação central era de que existia uma ligação estreita entre a educação e a riqueza de um país, bem como a proposição de que deveria existir um programa de defesa contra a ignorância popular, o qual se referia à liberdade de ensino aliada à defesa do ensino laico, à obrigatoriedade escolar entre 5 e 15 anos, à reorganização do ensino primário, à fundação de escolas normais, ao financiamento da educação e à criação de um Conselho Superior de Instrução Nacional e de um fundo escolar para o desenvolvimento da instrução.

Desse modo, podemos dizer que, no Brasil, a educação de adultos ganhou maior importância quando foi ampliado o debate em torno da educação popular. Como afirma Freire (2005, p. 15):

> O conceito de educação de adultos vai se movendo na direção do de educação popular na medida em que a realidade começa a fazer algumas exigências à sensibilidade e à competência científica dos educadores e das educadoras. Uma destas exigências tem a ver com a compreensão crítica dos educadores do que vem ocorrendo na cotidianidade do meio popular. [...] Os próprios conteúdos a serem ensinados não podem ser totalmente estranhos àquela cotidianidade.

Paiva (1987) esclarece que a educação popular era entendida como aquela ofertada a toda a população, devendo ser gratuita e universal, e que, paralelamente, existia a concepção de educação das camadas populares, ou seja, a instrução elementar e, quando possível, o ensino técnico profissional. Quanto à educação de adultos, a autora destaca que ela era considerada parte da educação popular, uma vez que a difusão da escola elementar incluía as escolas noturnas para adultos. Porém, a educação de adultos passou a ser tratada como alfabetização e educação de base quando se reivindicou que ela tivesse menor duração que aquela ofertada à população em idade adequada.

Foi ao longo do século XX que a educação popular recebeu maior valorização, pois, de um lado, existiam idealizadores da educação que tentavam fortalecer o lugar dela nos debates políticos e, de outro, a organização popular, que seria adensada com as mudanças advindas das relações econômicas e da reorganização dos espaços rural e urbano. Como veremos no próximo capítulo, quando tratarmos da legislação educacional, foi a partir da segunda metade do século XX que a educação de adultos teve maior valorização política e social, tanto na esfera governamental quanto na sociedade civil organizada.

Para Paiva (1987), após a Revolução de 1930, era possível encontrar no país movimentos que discutiam a educação de adultos de modo significativo. O ensino supletivo foi expandido no período pós 1930, e após a Primeira Guerra Mundial o debate sobre a necessidade de aumentar a rede de ensino elementar evidenciou também a educação dos adultos. Até a Segunda Guerra Mundial, a preocupação com esse segmento educacional estava atrelada à educação popular como difusão do ensino elementar; só após esse marco histórico passou a ser concebido de maneira independente, em razão das tendências mundiais e dos movimentos populares de educação.

De acordo com Paiva (1987, p. 173):

> Entre 1932 e 1937 a matrícula geral em todo o país no ensino supletivo havia se elevado de 49.132 a 120.826, crescendo a matrícula efetiva de 39.049 para 89.916 e as unidades escolares de 663 para 1.666. [...] o favorecimento da educação dos adultos em larga escala só encontraremos com a regulamentação do Fnep [...] a abertura política propiciou o florescimento de movimentos isolados de educação de adultos, surgindo Universidades Populares organizadas segundo o modelo europeu e vinculadas a instituições de ensino ou a bibliotecas. Seus promotores preocupavam-se com a difusão cultural e com a promoção de programações para o lazer, cursos de extensão, centros de debates, clubes de estudos e fóruns.

Dessa forma, dois fatores foram essenciais para a expansão do ensino supletivo: (1) o processo de migração campo-cidade; e (2) a preocupação governamental com a expansão do ensino elementar e, com ele, a educação de adultos, tendo papel decisivo a regulamentação do Fundo Nacional do Ensino Primário (FNEP), em 1945.

As primeiras iniciativas oficiais relacionadas à educação de adultos datam da década de 1940, quando foi criado o FNEP, em 1942. Vale destacar que, após o final da Segunda Guerra Mundial, os ideais democráticos incentivaram o debate sobre a educação de massas e a organização de centros de cultura popular, com o objetivo de difusão cultural às classes trabalhadoras (Paiva, 2009).

Gadotti (2005a) nos auxilia na compreensão do conceito de educação de adultos no contexto latino-americano. Para ele, múltiplas correntes e tendências vão se constituindo historicamente e marcando presença até os dias atuais.

> Até os anos de 1940 a educação de adultos era concebida como uma extensão da escola formal [...] na década de 1950 duas são as tendências mais significativas na educação de adultos: a educação de adultos entendida como "educação libertadora", como "conscientização" (Paulo Freire) e a educação de adultos entendida como "educação funcional" (profissional) [...] na década de 1970 essas duas correntes continuam. (Gadotti, 2005a, p. 35)

Outro autor que nos auxilia a compreender a construção e a presença da educação popular no Brasil é Brandão (2008, p. 20-24), que descreve quatro posturas de educação popular: (1) "daqueles que negam o seu valor como algo que mereça ser considerado como 'uma visão de', 'uma tendência', 'uma escola', 'uma filosofia', 'um sistema de', 'uma metodologia' ou 'uma prática pedagógica'"; (2) "daqueles que reconhecem uma relevante importância cultural para a educação popular. No entanto, observam que ela está situada muito mais no campo dos movimentos sociais do que no da educação"; (3) aquela que "remete à educação popular como um fenômeno situado e data na história da educação de alguns países da América Latina, tendo o Brasil como um foco de origem"; e (3) a que se refere "àquelas pessoas que atribuem à educação popular uma história mais longa, mais fecunda, mais polêmica e bastante diversificada". Compartilhando da quarta postura, o autor defende que "A educação popular foi e continua sendo a sequência de ideias e de propostas de um estilo de educação em que tais vínculos [entre a ação cultural e a prática política] são restabelecidos em diferentes momentos da história" (Brandão, 2008, p. 24).

Brandão (2008) também nos convida a pensar as práticas educacionais e os sujeitos que estão no centro da educação popular. Para ele,

O foco de sua vocação é um compromisso de ida e volta nas relações pedagógicas de teor político, realizadas através de um trabalho cultural direcionado aos sujeitos das classes populares, os quais são compreendidos não como beneficiários tardios de um serviço, mas como protagonistas emergentes de um processo. (Brandão, 2008, p. 24)

> **Preste atenção!**
>
> Depois de uma breve introdução ao tema educação popular e educação de adultos, notamos a atualidade do debate e a defesa de que a educação popular não é uma experiência que ficou no passado, mas uma prática construída no movimento social que se reconstrói em diferentes momentos, que traz as marcas do passado e que dá nova vida à prática coletiva construída com a classe trabalhadora ou com a classe **menos favorecida**.

Os desdobramentos da educação de adultos, construída com a preocupação voltada à escolarização, e das experiências de educação popular desenvolvida em determinadas comunidades de trabalhadores direcionam para a compreensão das campanhas e dos movimentos de educação que marcaram o século XX.

1.2 As campanhas de educação de jovens e adultos a partir de meados do século XX

A Campanha de Educação foi um movimento que emergiu da iniciativa governamental com o intuito de amenizar a discrepância social na situação de escolaridade da população.

1.2.1 Iniciativas governamentais

A primeira Campanha de Educação de Adultos (CEA), ou Campanha de Educação de Adolescentes e Adultos (CEAA), foi criada em 1947 e extinta em 1963. Ela tinha o objetivo de expandir entre as massas os postulados do novo regime político: a democracia liberal. Paiva (1987,

p. 176-177) afirma que "a orientação do programa, contudo, é nitidamente ruralista", porém "parece estar menos ligada ao combate à migração que à modificação do equilíbrio eleitoral no interior, e isso se manifesta através da pouca ênfase recebida pela necessidade de adequar o ensino às condições de vida rural". O material didático era o mesmo para todo o país, inclusive para o meio rural e o meio urbano.

Paiva (1987) permite-nos demarcar oito aspectos da CEA, a saber:

1. Nasceu da regulamentação do Fundo Nacional do Ensino Primário (FNEP).
2. Sua emergência atendia às proposições da Organização das Nações Unidas para a Educação, a Ciência e Cultura (Unesco) na esfera da educação popular.
3. Acenava com a possibilidade de preparar mão de obra alfabetizada nas cidades, de adentrar o campo e integrar os imigrantes e seus descendentes nos estados do sul do Brasil.
4. Constituía um instrumento para a melhoria dos índices de analfabetismo no país.
5. Retomava aspectos do entusiasmo pela educação, como uma campanha de salvação nacional.
6. Tinha um fundamento político ligado à ampliação das bases eleitorais.
7. Servia como combate ao marginalismo social.
8. A insuficiência cultural do país seria o empecilho a seu desenvolvimento econômico.

Quanto à concepção teórica do analfabetismo, era difundida a ideia de que o adulto analfabeto era incapaz ou menos capaz do que o adulto alfabetizado, portanto, era objetivo integrar o homem marginal aos problemas da vida cívica e buscar a unificação da cultura brasileira.

Na avaliação de Paiva (2009), a CEA caracterizou-se pelo seu aspecto extensivo, tendo sido a primeira grande campanha de massa para a educação de adultos, fase que nunca chegou a ser ultrapassada, uma vez que não foi seguida de uma ação em profundidade.

A fase **extensiva** se referia ao ensino das técnicas de leitura e escrita, alfabetização em três meses e condensação do curso primário em dois períodos letivos de sete meses de duração; já a fase de **ação em profundidade** deveria oferecer capacitação profissional às comunidades e estar ligada à ação nesses meios.

A realidade educacional brasileira, na segunda metade do século XX, foi marcada pela maior demanda da população por escola; pela criação de programas que incentivassem o ingresso das crianças na escola; por processos de descentralização e, ao mesmo tempo, de centralização da educação; pela queda no número de analfabetos; pela proposição para a diminuição da defasagem entre a idade e a série escolar; e pelo aumento da demanda de programas de EJA.

Apesar da queda no número de analfabetos, o relatório da PNAD Contínua (2016-2019) registrou que 6,60% da população de 15 anos ou mais é analfabeta no Brasil, e entre os que têm 60 anos ou mais, são considerados analfabetos 18% no findar da segunda década do século XXI (IBGE, 2020).

Beisiegel (1997) traça um histórico da EJA no Brasil e corrobora as ideias de Paiva (1987; 2009), demonstrando que a preocupação com essa modalidade educativa data da década de 1940, quando o recenseamento geral mostrou que mais de 50% da população com mais de 15 anos era formada por jovens e adultos analfabetos.

A primeira CEA, segundo Beisiegel (1987), foi organizada por Lourenço Filho como um amplo movimento de mobilização nacional em favor da educação de adolescentes e adultos. Conforme o autor, a campanha era efetivada mediante convênios especiais, celebrados entre o Ministério da Educação (MEC) e os estados e territórios. As unidades federadas tinham a obrigação de criar comissão para acompanhamento, instalação e provimento das classes de ensino supletivo (Beisiegel, 1997). Essa campanha contribuiu para a criação de comissões que favoreceram "a inserção da educação supletiva entre as atividades regulares dos sistemas estaduais de ensino" (Beisiegel, 1997, p. 214). Tratava-se da ênfase no ensino elementar e na educação de adultos, mediante o surgimento da CEA, já comentado anteriormente.

Leite (1999) destaca que, na década de 1940, foi criada a Comissão Brasileiro-Americana de Educação das Populações Rurais (CBAR), cujo objetivo era a implantação de projetos educacionais e o desenvolvimento das comunidades rurais. A comissão fazia parte da parceria Brasil–Estados Unidos, por meio da qual foram criadas as Missões Rurais, a Associação de Crédito e Assistência Rural (Acar) e a Empresa de Assistência Técnica e Extensão Rural (Emater).

A primeira Missão Rural foi organizada em 1950 e tinha como objetivo desenvolver a organização social das comunidades por meio da ação conjunta de "agrônomos, veterinários, médicos, enfermeira sanitarista, especialista em economia doméstica e indústrias rurais caseiras, assistente social, além de motorista e operador de rádio e cinema" (Paiva, 1987, p. 63).

Para Souza (2006, p. 59):

> A presença de organismos estadunidenses orientava a ação, o conteúdo e os propósitos da educação rural, sob o signo do "desenvolvimento do país". A extensão rural foi um dos caminhos idealizados para a transformação dos trabalhadores do campo brasileiro. Um caminho cujo foco era o assistencialismo a uma "população carente", sem qualquer menção à estrutura agrária do país.

De acordo com Leite (1999), voltados à área rural, na década de 1950, foram criados a Campanha Nacional de Educação Rural (CNER) e o Serviço Social Rural. "Ambos desenvolveram projetos para a preparação de técnicos destinados à educação de base rural e programas de melhoria de vida dos rurícolas, nas áreas de saúde, trabalho associativo, economia doméstica, artesanato etc." (Leite, 1999, p. 36).

A partir das Missões Rurais, em 1952, emergiu a CNER. Paiva (1987, p. 197) afirma que por meio "das Missões Rurais a Campanha deveria promover entre as populações do campo a consciência do valor da entreajuda para que os problemas locais pudessem ser resolvidos e, seu trabalho se consolidava através da criação de Centros Sociais de Comunidade".

Em 1957, como parte da CEA, foi criado o Sistema de Rádio Educativo Nacional, que tinha como objetivo "fomentar a criação de sistemas radioeducativos regionais e cujas atividades parecem ter sido de fundamental importância para o posterior desenvolvimento da radioeducação no Brasil" (Paiva, 1987, p. 191).

Trata-se, como escreve Souza (2006), de um período (entre 1950 e 1960) de acirramento da saída do homem do campo em direção à cidade em busca de melhores condições de vida, no contexto do movimento capitalista.

> Simultaneamente à realização das Missões Rurais de Educação de Adultos, continuou ocorrendo a migração, prova de que não seria um programa educacional que manteria a população no campo, mas sim um projeto de nação que priorizasse os cidadãos brasileiros – fato que não ocorreu, uma vez que o movimento internacional do capital ditou as regras nacionais. (Souza, 2006, p. 60)

Congressos de educação de adultos começaram a acontecer na década de 1940; o primeiro deles foi em 1947, tendo por eixo temático "Ser brasileiro é ser alfabetizado". Em 1958, realizou-se o Segundo Congresso Nacional de Educação de Adultos, cujo objetivo era a busca de novas diretrizes e perspectivas teóricas para a educação de adultos. Nele, destacou-se Paulo Freire, que chamava a atenção para os problemas sociais que geravam o analfabetismo e para o método de alfabetização. Com relação à metodologia, a preocupação era de que o método envolvesse estratégias de ensino *com* o homem, e não *para* o homem.

Nesse período, foi anunciado o princípio da pedagogia dialógica freiriana (aprofundada na década de 1960): a valorização do ser humano que aprende como alguém que já traz uma bagagem de experiências, e não como alguém ignorante (no terceiro capítulo, trataremos dessa questão com mais detalhes).

No final dos anos 1950, foi lançada a Campanha Nacional de Erradicação do Analfabetismo (CNEA).

Conforme descreve Beisiegel (1997, p. 219, grifo do original),

> o programa de trabalho preparado pela Campanha previa, inicialmente, o aprofundamento dos estudos sobre os problemas sociais, econômicos e culturais das áreas selecionadas para o Plano Piloto. Em seguida, preconizava uma ação de ampliação e melhoria dos sistemas de ensino primário locais, envolvendo a melhor preparação do magistério [...] reorganização dos currículos das escolas primárias de modo a valorizar os fatos e experiências locais [...] recomendava a transformação das pequenas escolas rurais em centros de **reuniões da população local** para recreação e **estudos de seus problemas**. O programa previa, ainda, um amplo um amplo movimento de base para a **população rural**, envolvendo preparação específica dos professores e desenvolvimento de cooperativas.

A experiência foi extinta em 1961. Uma das questões enfocadas em tais campanhas era "Como conciliar as exigências de qualidade da atuação com os desafios colocados pela intenção de alcançar a grande massa?".

Já os trabalhos desenvolvidos pelo Instituto Superior de Estudos Brasileiros (Iseb) definem "a educação de jovens e adultos como instrumento de formação de agentes de construção do futuro desejado" (Beisiegel, 1997, p. 221). O autor está se referindo aos atores coletivos (movimentos sociais, organizações políticas, associações religiosas etc.) que, na década de 1950, colocaram a educação de adultos como fator importante para o desenvolvimento da sociedade.

Esse movimento foi criado em março de 1961, vinculado à Conferência dos Bispos do Brasil, e constituía-se em um convênio entre o governo federal e o Conselho Nacional dos Bispos do Brasil (CNBB). "As aulas elaboradas pelas equipes centrais eram transmitidas às escolas radiofônicas, onde um monitor voluntário estabelecia as ligações entre seus conteúdos e a atividade dos alunos e, em seguida, promovia debates sobre os temas focalizados pelo professor-locutor" (Beisiegel, 1997, p. 224).

Como afirma o mesmo autor: "Os trabalhos da escola radiofônica orientavam-se para a conscientização, procurando despertar nos educandos a necessidade de engajamento em organizações profissionais, organizações de classe e em grupos voltados para o desenvolvimento das comunidades" (Beisiegel, 1997, p. 224). A partir de 1962, as atividades foram orientadas para a politização, a educação sindicalista e o processo de sindicalização rural.

1.2.2 Educação de adultos e conscientização

Em 1960, em Recife, aconteceu o Movimento de Cultura Popular (MCP), que consistia na criação de escolas para o povo, com aproveitamento de salas de associações de bairros, entidades esportivas e igrejas. Posteriormente, com a eleição de Miguel Arraes e como não havia condições de construir escolas, procedeu-se à ocupação de outros espaços e à fabricação de carteiras nas oficinas da prefeitura, bem como à arrecadação de verbas com comerciantes, indústrias e população em geral.

O objetivo do MCP, conforme Beisiegel (1984, citado por Beisiegel, 1997, p. 226), era "elevar o nível cultural das massas, conscientizando-as paralelamente". Além do trabalho de alfabetização, novas frentes de ação foram elaboradas, entre as quais se destacam o teatro, os núcleos de cultura popular, os meios informais de educação, o canto, a música, a dança popular e o artesanato.

Conforme Brandão (2008, p. 29):

> Dentro de uma ampla prática de cultura popular é possível fertilizar processos interativos, através dos quais atos e gestos de teor pedagógico poderiam transformar consciências de pessoas e de grupos humanos. Esses grupos humanos – de uma múltipla e diferenciada classe social – podem se tornar capazes de reelaborar ideologicamente a sua própria cultura. Por isso, as expressões "educação como prática da liberdade" e a "ação cultural para a liberdade" precisam ser enfatizadas. Educação libertadora era um entre outros termos que mais tarde foi substituído por educação popular. Era esse o trabalho dos Centros Populares de Cultura (CPC) e dos Movimentos de Cultura Popular (MCP).

Além desses dois movimentos, existiu também a campanha De Pé no Chão Também se Aprende a Ler, desenvolvida em Natal e oriunda de discussões semelhantes às que geraram o MCP, principalmente a ênfase nas carências educacionais. Teve início com a criação de escolas de ler, escrever e contar para atender às populações mais pobres dos municípios.

> **Indicação cultural**
>
> DE PÉ no chão também se aprende a ler – 1961. 26 maio 2009. Disponível em: <https://www.youtube.com/watch?v=Rm0SD-QH4AI>. Acesso em: 23 mar. 2023.
>
> Quer saber mais sobre a campanha De Pé no Chão também se Aprende a Ler? Assista ao vídeo que trata dessa campanha desenvolvida pela Prefeitura Municipal de Natal (RN) no período entre fevereiro de 1961 e março de 1964. Essa experiência marcou a trajetória da educação de adultos no Brasil, tendo a participação popular como fonte da prática educativa.

A influência da concepção freiriana de educação esteve presente nos espaços de ensino popular nos primeiros anos de 1960. Em 1964, com a Ditadura Militar, as experiências de educação de adultos com caráter de emancipação e conscientização política sofreram repressões e foram extintas.

1.2.3 Retomada da iniciativa governamental

No contexto político da Ditadura Militar, a educação libertadora ou a educação popular enfrentou repressão e desmobilização diante das iniciativas governamentais que adentraram no cenário nacional.

Contudo, em 1964, iniciaram-se os trabalhos da Cruzada ABC, parceria entre a Agência Norte-Americana para o Desenvolvimento Internacional (Usaid), governos federais e estaduais e agências privadas.

Em 1967, foi criado o Movimento Brasileiro de Alfabetização (Mobral), que começou em Recife, Paraíba e Sergipe. Esse movimento tinha três características básicas: (1) independência institucional e financeira ante os sistemas regulares de ensino e aos demais programas de educação de adultos; (2) articulação de uma organização operacional descentralizada, apoiada em comissões municipais incumbidas de promover a realização da campanha nas comunidades; e (3) centralização das orientações do processo educativo – existia a Gerência Pedagógica Central, que cuidava da organização, da programação de execução e da avaliação dos trabalhos.

> **Preste atenção!**
>
> A experiência do Mobral ainda merece estudos. Em cada canto do Brasil, é possível encontrar algum educador ou materiais pedagógicos que tiveram vínculo com esse movimento. Você pode, em sua localidade, verificar quais experiências pedagógicas foram desenvolvidas no período de 1967 a 1985. A curiosidade é elemento essencial na busca do conhecimento, da criticidade e da construção de uma prática educativa transformadora.

Na década de 1970, o ensino supletivo foi inserido no sistema regular de ensino. Os centros de estudos supletivos complementavam a atuação do Mobral, estendendo a escolaridade além das primeiras séries. O supletivo caracterizava-se pelo ensino a distância (EaD) e por módulos de trabalho.

Em 1985, o Mobral foi extinto e substituído pela Fundação Nacional para Educação de Jovens e Adultos, a Fundação Educar, que era vinculada ao MEC e atuava com o apoio financeiro das prefeituras municipais ou de associações da sociedade civil. Essa fundação deveria fomentar programas destinados àqueles que não tiveram acesso à escola ou que dela foram excluídos; contudo, em 1990, com o governo Collor, ela foi extinta. Houve, então, o lançamento do Programa Nacional de Alfabetização e Cidadania (PNAC), oriundo das discussões que permearam a Conferência Mundial sobre a Educação para Todos, realizada na Tailândia, em 1990 (ano nacional da alfabetização). Na esfera internacional, existia a preocupação com os 900 milhões de analfabetos existentes no planeta.

Em 1991, o MEC passou a enfocar as carências do ensino fundamental como propiciadoras das altas taxas de analfabetismo. Com a extinção da Fundação Educar, configurou-se um processo de transferência das obrigações com a educação supletiva do governo federal para os estados e os municípios.

Em 1996, foi aprovada a Lei n. 9.394, de 20 de dezembro de 1996 (Lei de Diretrizes e Bases da Educação Nacional – LDBEN), cujos artigos 37 e 38 tratam da EJA (Brasil, 1996b).

Nesse cenário em que a EJA ganhava força na esfera internacional, no país foram desenvolvidas iniciativas nos âmbitos acadêmico, como os Encontros Nacionais de Educação de Jovens e Adultos (Enejas), e de movimentos sociais, a exemplo do Movimento dos Trabalhadores Rurais Sem Terra (MST), que, desde o início da década de 1990, desenvolvia práticas coletivas de alfabetização nos acampamentos e assentamentos da reforma agrária. Outras iniciativas sindicais e de organizações sociais preocupadas com processos de conscientização política também foram desenvolvidas no Brasil.

No ano de 2000, foram aprovadas as Diretrizes Curriculares Nacionais (DCN) para a Educação de Jovens e Adultos, também em um cenário em que se discutia a organização de diretrizes curriculares para todos os níveis, da educação básica à educação superior.

Em um período de 20 anos, muitas modificações ocorreram na política educacional: em 2001, foi publicado o primeiro Plano Nacional de Educação (PNE); em 2003, foi criado o Programa Brasil Alfabetizado e publicadas diretrizes que contemplam os povos do campo, das águas e das florestas; em 2004, foi criada a Secretaria de Educação Continuada, Alfabetização e Diversidade, que, posteriormente, teve a inserção do termo *inclusão*, sendo denominada *Secretaria de Educação Continuada, Alfabetização, Diversidade e Inclusão* (Secadi); em 2014, foi publicado o PNE 2014-2024; em 2015, foi lançada a proposta de Base Nacional Comum Curricular (BNCC), homologada em 2017; em 2018, a Secadi foi extinta e, em 2023, reativada, por força de determinações da conjuntura política nacional*.

No ano de 2021, foi publicada pelo Conselho Nacional de Educação (CNE) a Resolução n. 1, de 25 de maio de 2021, que "Institui Diretrizes Operacionais para a Educação de Jovens e Adultos nos aspectos relativos ao seu alinhamento à Política Nacional de Alfabetização (PNA) e à Base Nacional Comum Curricular (BNCC), e Educação de Jovens e Adultos a Distância" (Brasil, 2021a), com ênfase na educação como aprendizagem ao longo da vida e na forma educação a distância, objetivando facilitar o acesso a essa modalidade de ensino. É preciso problematizar o conteúdo dessa resolução no que se refere às disparidades regionais e ao acesso às tecnologias educacionais, apenas para citar alguns fatores.

> **Indicações culturais**
>
> BRASIL. Lei n. 9.394, de 20 de dezembro de 1996. **Diário Oficial da União**, Poder Legislativo, Brasília, DF, 23 dez. 1996. Disponível em: <http://www.planalto.gov.br/ccivil_03/leis/l9394.htm>. Acesso em: 23 mar. 2023.
>
> BRASIL. Ministério da Educação. Conselho Nacional de Educação. Câmara de Educação Básica. Resolução n. 1, de 5 de julho de 2000. **Diário Oficial da União**, Brasília DF, 5 jul. 2000. Disponível em: <http://portal.mec.gov.br/cne/arquivos/pdf/CEB012000.pdf>. Acesso em: 23 mar. 2023.
>
> BRASIL. Ministério da Educação. Conselho Nacional de Educação. Câmara de Educação Básica. Resolução n. 1, de 25 de maio de 2021. **Diário Oficial da União**, Brasília, DF, 26 maio 2021. Disponível em: <https://www.gov.br/mec/pt-br/media/acesso_informacacao/pdf/DiretrizesEJA.pdf>. Acesso em: 23 mar. 2023.

---

* Aspectos normativos da trajetória da educação brasileira desde 1930 são encontradas no Portal do Ministério da Educação, disponível em: <http://portal.mec.gov.br/pet/33771-institucional/83591-conheca-a-evolucao-da-educacao-brasileira>. Acesso em: 4 abr. 2023.

> REVISTA E-MOSAICOS. v. 10, n. 24, 2021. **Dossiê Temático**: 20 anos das Diretrizes Curriculares Nacionais para a Educação de Jovens e Adultos. Disponível em: <https://www.e-publicacoes.uerj.br/index.php/e-mosaicos/issue/view/2518/showToc>. Acesso em: 23 mar. 2023.
>
> As publicações indicadas trazem as diretrizes curriculares e operacionais para a EJA e informações que possibilitam a compreensão de seus avanços e recuos no Brasil.

Em um cenário de desenvolvimento de campanhas e movimentos de EJA, vale destacar o que se concretiza como um dos espaços públicos de debate das experiências desse tipo de educação no Brasil: os Enejas. Já são 17 edições no Brasil. Em 2022, em Florianópolis, foi realizado o XVII Eneja, sob o lema "Educação, trabalho e capitalismo: impactos, lutas e resistências na EJA". Esses encontros agregam professores de EJA, alunos, instâncias governamentais, instâncias sindicais, movimentos sociais, universidades, organizações não governamentais (ONGs), entre outros.

1.2.4 Programas e projetos de educação de jovens e adultos: parceria em evidência a partir da década de 1990

O termo *parceria* passou a ganhar espaço nas sociedades civil e política. A EJA tem sido encaminhada, em muitas localidades brasileiras, mediante parcerias entre o Poder Público e a sociedade civil. Geralmente, essas parcerias caracterizam-se por convênios que retratam a obrigação de cada uma das partes, ficando a cargo do governo o financiamento, da empresa ou organização social, o encaminhamento pedagógico e da comunidade e a organização para a participação nas turmas de EJA.

Da década de 1990 em diante, é possível constatar no país a existência de um conjunto de programas voltado à EJA, como o Programa Nacional de Educação na Reforma Agrária (Pronera), os Centros de

Educação de Jovens e Adultos (CEEBJAs), o Programa Brasil Alfabetizado e parcerias entre secretarias estaduais de educação e entidades da sociedade civil, além de programas de alfabetização no contexto de universidades, empresas etc.

A trajetória da EJA é bastante marcada por programas governamentais, campanhas e movimentos sociais, parcerias e organização de espaços públicos para o debate – a exemplo dos Enejas, dos fóruns e encontros estaduais, entre tantas outras ações da sociedade civil e do Poder Público. O que inquieta é a existência do analfabetismo e da baixa escolaridade da população brasileira (em média de anos de estudo) em pleno século XXI, ao lado da fragilidade da formação escolar daqueles que têm acesso a ela.

Para ilustrar o que se passa na sociedade brasileira ao final da primeira década do século XXI, utilizamos dados extraídos do IBGE (2016) que revelam a pequena presença de analfabetos no país, mas a baixa escolaridade da população*. Nesse sentido, cabe indagar a respeito dos resultados de tantos programas e campanhas, como se dá o funcionamento, o financiamento e a gestão pedagógica deles.

A segunda década do século XXI findou com novidades na educação, entre elas: a homologação da Base Nacional Comum Curricular (BNCC) pelo MEC em 20 de dezembro de 2017; a instituição e a orientação da BNCC pelo CNE por meio da Resolução n. 2, de 22 de dezembro de 2017; a homologação da BNCC para o ensino médio pelo MEC em 14 de dezembro de 2018; a publicação da Resolução n. 1, de 25 de maio de 2021, que institui as diretrizes operacionais para a EJA; e a aprovação do Decreto n. 9.765, de 11 de abril de 2019, que institui a Política Nacional de Alfabetização.

---

* Segundo esses dados, 8% da população com 15 anos ou mais foi considerada analfabeta no ano de 2015 no país. Nesse conjunto, as pessoas com mais de 65 anos considerados analfabetas totalizam 25,7%. A média de estudo da população de 25 anos ou mais é de 7,9, ou seja, não são concluídos nem os primeiros 9 anos de estudo. Portanto, permanecem os índices de baixa escolaridade (IBGE, 2016).

Indicações culturais

ANDES – SINDICATO NACIONAL DOS DOCENTES DAS INSTITUIÇÕES DE ENSINO SUPERIOR. Disponível em: <https://www.andes.org.br/>. Acesso em: 23 mar. 2023.

ANPED – Associação Nacional de Pós-graduação e Pesquisa em Educação. Disponível em: <https://www.anped.org.br/>. Acesso em: 23 mar. 2023.

CARTA de Natal: Conape da esperança. In: FÓRUM NACIONAL POPULAR DE EDUCAÇÃO – FNPE; CONFERÊNCIA NACIONAL POPULAR DE EDUCAÇÃO – CONAPE, 2022, Natal. **Anais**... Disponível em: <https://fnpe.com.br/wp-content/uploads/2022/07/Carta-Natal-Conape-2022-finalizada-para-publicac%CC%A7a%CC%83o12h18.pdf>. Acesso em: 23 mar. 2022.

As modificações na educação mencionadas aconteceram sob duras críticas de entidades educacionais e movimentos sociais. Nesse sentido, sugerimos o acesso aos *sites* de algumas dessas entidades, bem como de sindicatos e associações de professores estaduais, além da Carta de Natal, que traz críticas às políticas educacionais da conjuntura de 2016 a 2022 no Brasil.

1.3 Desigualdade e escolaridade: por que a educação de jovens e adultos é necessária?

Para problematizar o que aconteceu no século XX, vamos lembrar algumas estatísticas e situações atuais de nosso país, amplamente divulgadas pelo IBGE (2016): somos cerca de 210 milhões de habitantes; estamos entre os países com pior distribuição de renda; 8% de nossa população com mais de 15 anos é analfabeta completa; apresentamos a maior concentração fundiária; e 85% de nossa população vive nas cidades.

Os movimentos sociais por moradia, transporte, saúde, educação, terra etc. reiteradamente marcam presença no cenário sociopolítico brasileiro.

Além disso, houve um aumento da participação privada na educação nacional, em especial na educação superior. Acrescentemos que os programas de EJA sofreram impulso nos anos de 1990, mediante parcerias dos governos municipal, estadual e federal com os diversos atores organizados da sociedade civil, na intenção de promover alfabetização e escolarização às pessoas que não concluíram os estudos na idade adequada.

Em 2001, quando estava em vigência o Plano Nacional de Educação (PNE 2001 a 2011), o número de analfabetos maiores de 15 anos era de 16 milhões de pessoas (Brasil, 2001a). Segundo dados constantes nesse plano, as taxas de analfabetismo das pessoas de 15 anos de idade ou mais eram: 14,7% no Brasil; 11,6% na Região Norte urbana, excluída a população da área rural de Rondônia, Acre, Amazonas, Roraima, Pará e Amapá; 28,7% na Região Nordeste; 8,7% na Região Sudeste; 8,9% na Região Sul e 11,6% na Região Centro-Oeste (Brasil, 2001a).

Em 2014, com a Lei n. 13.005, de 25 de junho de 2014 (Brasil, 2014a) foi instituído o PNE com vigência de 2014 a 2024. No Capítulo 2, analisaremos o referido plano, metas e estratégias relacionadas à EJA.

Sobre a situação de escolaridade da população brasileira, os dados da PNAD Contínua (2016-2019) permitem identificar a seguinte situação: o analfabetismo: 6,6% da população brasileira com 15 anos ou mais é de 6,6%, o que equivale a 11 milhões de pessoas; desse total, 6,2 milhões vivem na Região Nordeste, o que significa 56,2% dentre os 11 milhões de analfabetos (IBGE, 2020).

O analfabetismo é maior entre a população de 60 anos ou mais. Em 2019, o total era de 18% de pessoas analfabetas nessa faixa etária, o que equivale a aproximadamente 6 milhões de habitantes (IBGE, 2020).

Os Quadros 1.1, 1.2 e 1.3, a seguir, apresentam a realidade do analfabetismo no Brasil por faixas etárias, sexo, cor ou raça, conforme disponibilizado no documento da PNAD Contínua (IBGE, 2020).

Quadro 1.1 – Taxa de analfabetismo por grupos de idade

IDADE	2016	2017	2018	2019
15 anos ou mais	7,2	6,9	6,8	6,6
25 anos ou mais	8,8	8,5	8,2	7,9
40 anos ou mais	12,3	11,8	11,5	11,1
60 anos ou mais	20,4	19,2	18,6	18,0

Fonte: IBGE, 2020.

Analisando esse quadro, é possível observar uma leve queda na taxa de analfabetismo no país nos últimos anos. A população de 40 anos ou mais, somada com a de 60 anos ou mais, totaliza 28,1% de analfabetos no país. Portanto, a existência de políticas de EJA, segmento alfabetização, continua sendo fundamental para o Brasil. No país, há municípios territorialmente grandes com reduzida população, o que dificulta a organização de turmas de alfabetização. Todavia, sendo a educação um direito social, cabe ao Poder Público, em conjunto com os coletivos da sociedade local, construir alternativas para a superação do analfabetismo e para a continuidade dos estudos de jovens e adultos.

Quadro 1.2 – Taxa de analfabetismo por grupos de idade e sexo

SEXO E IDADE	2016	2017	2018	2019
15 anos ou mais – Homens	7,4	7,1	7,0	6,9
15 anos ou mais – Mulheres	7,0	6,8	6,6	6,3
60 anos ou mais – Homens	19,7	18,3	18,0	18,0
60 anos ou mais – Mulheres	20,9	20,0	19,1	18,0

Fonte: IBGE, 2020.

Nesse quadro, é possível notar uma leve diferença entre homens e mulheres quanto à taxa de analfabetismo. Entre as pessoas que têm 60 anos ou mais, observa-se a diminuição singela do analfabetismo entre as mulheres.

Quadro 1.3 – Taxa de analfabetismo por grupos de idade, cor ou raça

Idade, cor ou raça	2016	2017	2018	2019
15 anos ou mais Branca	4,1	4,0	3,9	3,6
15 anos ou mais Preta ou parda	9,8	9,3	9,1	8,9
60 anos ou mais Branca	11,6	10,8	10,3	9,5
60 anos ou mais Preta ou parda	30,7	28,8	27,5	27,1

Fonte: IBGE, 2020.

Quando analisado o grupo cor ou raça, é possível conferir a extrema desigualdade educacional. Entre a população de 60 anos ou mais, a taxa de analfabetismo é triplicada em relação às pessoas brancas. Esse indicador tem relação com a condição socioeconômica, revelando diferenças entre as classes sociais no país.

Os dados também revelam as disparidades regionais. Nas grandes regiões brasileiras, a situação estava assim configurada: Norte: 7,60%; **Nordeste: 13,90%**; Sudeste: 3,30%; Sul: 3,30% e Centro-Oeste: 4,90% (IBGE, 2020). Entre a população de 60 anos ou mais, em 2019, a situação era: de 18% de analfabetos no Brasil, dos quais: 25,50% no Norte; **37,20% no Nordeste**; 9,70% no Sudeste; 9,50% no Sul e 16,60% no Centro-Oeste (IBGE, 2020).

O PNE de 2014 a 2024, em sua meta 9, estabelece que a redução do analfabetismo das pessoas de 15 anos ou mais deveria ser de 6,5% em 2015 e zerar em 2024. Conforme dados da PNAD (2016 a 2019), as regiões Sul, Sudeste e Centro-Oeste cumpriram a meta de 6,5% em 2015, mas as regiões Norte e Nordeste não atingiram nem a meta intermediária em 2015 e ainda estavam acima dela no ano de 2019 (IBGE, 2020). As duas regiões têm grandes disparidades regionais a serem consideradas, com população moradora em ilhas e ribeirinhas, povos das florestas e povos do campo em localidades com baixa densidade demográfica.

No segundo capítulo, como já comentado, analisaremos as metas e estratégias do PNE, as diretrizes operacionais da EJA publicadas em 2021 e as proposições que consideram a oferta em ensino a distância (EaD) e a aderência à BNCC. É preciso cuidado ao analisar as proposições relacionadas à EJA no Brasil, pois, muitas vezes, há uma preocupação com a superação da taxa de analfabetismo, desconsiderando-se seus níveis. Dados do indicador de alfabetismo funcional (Inaf, 2018) consideram cinco níveis de alfabetismo, a saber:

1. **Analfabeto** – Não consegue ler palavras ou frases.
2. **Rudimentar** – Consegue identificar informações explícitas em textos, comparar, identificar e escrever números, realiza cálculos simples e faz relações entre unidades de medida.
3. **Elementar:** – Seleciona informações, realiza operações matemáticas básicas e compara informações numéricas e textuais, identifica informações em tabelas e gráficos.
4. **Intermediário** – Identifica informações em vários tipos de textos, interpreta e realiza sínteses.
5. **Proficiente** – Elabora textos complexos, interpreta gráficos, tabelas e soluciona problemas diversos.

De acordo com o Inaf (2018), os analfabetos funcionais estão nos níveis 1 e 2, ou seja, conseguem identificar informações explícitas em textos. No Brasil, em torno de 3 brasileiros a cada 10 são considerados analfabetos funcionais (Inef, 2018). Esse dado demonstra que a realidade educacional brasileira requer atenção quanto às políticas públicas e práticas pedagógicas.

O Quadro 1.4, a seguir, registra o nível de instrução de pessoas com 25 anos ou mais de idade, de acordo com a PNAD (2016-2019).

Quadro 1.4 – Nível de instrução da população de 25 anos ou mais de idade

NÍVEL DE INSTRUÇÃO	2016	2017	2018	2019
Sem instrução	7,8%	7,2%	6,9%	6,4%
Fundamental incompleto ou equivalente	34,0%	33,7%	33,1%	32,2%

(continua)

(Quadro 1.4 – conclusão)

NÍVEL DE INSTRUÇÃO	2016	2017	2018	2019
Fundamental completo ou equivalente	9,2%	8,5%	8,1%	8,0%
Médio incompleto ou equivalente	3,9%	4,4%	4,5%	4,5%
Médio completo ou equivalente	26,3%	26,8%	26,9%	27,4%
Superior incompleto ou equivalente	3,4%	3,7%	4,0%	4,0%
Superior completo	15,3%	15,7%	16,5%	17,4%

Fonte: IBGE, 2020.

O cenário que verificamos nos dados atuais não é muito animador. A educação continua sendo uma área que carece de mais investimentos, seja na oferta da educação escolar, seja na disponibilidade de recursos para que as pessoas possam continuar os estudos, seja na formação e na melhor remuneração da classe trabalhadora docente.

Síntese

Neste capítulo, tratamos da origem da EJA em suas duas faces: (1) a preocupação governamental com a superação do analfabetismo e da baixa escolaridade da população brasileira; e (2) as experiências educativas dos movimentos sociais populares para a alfabetização de trabalhadores.

Também abordamos a realidade educacional brasileira, na qual constatamos que o índice de analfabetismo tem diminuído na sociedade, mas o debate sobre o alfabetismo funcional ainda é bem atual, uma vez que o número de pessoas com dificuldades para interpretar o que vê e lê ainda é alto.

Discutimos, ainda, sobre como a preocupação com a EJA acompanha a história de toda a educação pública no país, revelando as contradições sociais predominantes na sociedade e a faceta da exclusão social no contexto escolar. Apresentamos como a realidade de repetência e desistência escolar contribui para que a EJA continue sendo uma modalidade educacional para as pessoas que não concluíram a educação básica na idade regular.

Atividades de autoavaliação

1. Após verificar a trajetória da EJA no Brasil, os movimentos populares que se preocupavam com a educação de adultos, as iniciativas governamentais, entre outros, você constatou que a EJA é um _____ garantido na Constituição de 1988.

   Assinale a alternativa que completa corretamente a frase:

   a) direito social
   b) dever de ensino
   c) problema nacional
   d) direito político
   e) direito de quinta geração

2. Assinale a alternativa que indica uma campanha de EJA desenvolvida ao longo do século XX:

   a) Programa Bolsa Escola.
   b) Campanha Nacional de Educação Rural.
   c) Educação de Adolescentes e Educação para a Cidadania.
   d) Movimento Brasileiro de Alfabetização dos Citadinos.
   e) Programa Bolsa Família.

3. Sobre as características do Mobral, marque V para as afirmativas verdadeiras e F para as falsas.

   ( ) Independência institucional e financeira ante os sistemas regulares de ensino.
   ( ) Ênfase na prática educativa dialógica.
   ( ) Centralização das orientações do processo educativo.
   ( ) Existência de uma gerência pedagógica central.
   ( ) Financiado pelos movimentos sociais.

Assinale a opção que apresenta a sequência correta:

a) V, V, F, F, V.
b) V, F, V, V, F.
c) V, F, V, F, V.
d) F, F, V, V, V.
e) F, F, F, V, V.

4. Em 1958, foi realizado o II Congresso Nacional de Educação de Adultos, cujo objetivo era buscar novas diretrizes e perspectivas teóricas para a educação de adultos. Assinale a alternativa que indica a característica da educação de adultos no Brasil nesse período:

a) Favorecimento da metodologia instrumental.
b) Fortalecimento da metodologia instrumental.
c) Difusão do pensamento de Paulo Freire sobre educação.
d) Iniciativa governamental na ampliação da visão crítica de mundo.
e) Aprovação da primeira BNCC para EJA.

5. Ao final dos anos 1950, a educação de adultos passou por debates de ordem social e teórico-metodológica, em grande parte devido ao grupo de educadores populares, entre os quais estava Paulo Freire. Diante desse fato, por que, no período político autoritário, a educação de adultos foi relegada a projetos com características instrumentais?

a) Para valorizar os conhecimentos científicos.
b) Para fortalecer a organização popular emergente no país.
c) Para agilizar o processo de conhecimento por meio da produção textual.
d) Para evitar processos de conscientização política.
e) Para facilitar o trabalho de educadores sem formação pedagógica.

Atividades de aprendizagem

Questões para reflexão

1. Neste capítulo, você estudou um pouco sobre a trajetória da EJA no Brasil. Reflita sobre os sentidos da EJA no Brasil, sobre seus sujeitos e os aspectos da legislação. Para auxiliar na reflexão, leia a entrevista da Profa. Dra. Maria Clara Di Pierro, publicada no ano de 2022.

> DI PIERRO, M. C. A educação de jovens e adultos é uma porta de reingresso no sistema educacional. **Escola Politécnica de Saúde Joaquim Venâncio**, 14 jan. 2022. Entrevista concedida a Cátia Guimarães. Disponível em: <https://www.epsjv.fiocruz.br/noticias/entrevista/a-educacao-de-jovens-e-adultos-e-uma-porta-de-reingresso-no-sistema-educacional>. Acesso em: 18 abr. 2023.

2. Por que o analfabetismo nas comunidades rurais ainda tem sido um problema? Pense sobre o assunto e faça relação com o município ou estado no qual você vive. Sobre a EJA do campo, há vários vídeos na plataforma YouTube. Selecione um que trata da EJA no MST, por exemplo, e veja as análises e propostas pedagógicas que são realizadas.

Atividades aplicadas: prática

1. Entreviste uma pessoa que não teve acesso à escola na idade adequada. Questione-a sobre as dificuldades cotidianas que enfrenta ou enfrentou por não saber ler e escrever ou por não ter concluído os estudos.
2. Verifique em sua localidade qual é a concepção de EJA e de alfabetização que fundamentam os projetos e as práticas pedagógicas:

- **Conhecendo a EJA em sua localidade em que mora** – Confira nas secretarias municipais e estaduais de educação (Núcleo Regional; Diretoria Regional etc.) quais são os projetos de EJA em vigência e como são mantidos. Procure analisar os documentos que indicam as diretrizes da EJA em seu município e quais relações existem com o PNE (2014-2024) e com a BNCC de 2018.

- **Visitando uma sala de EJA** – Observe quem é o professor, sua formação, se tem vínculo empregatício, como ele se relaciona com os alunos, como trabalha o conteúdo, quais as dificuldades que ele enfrenta etc. Procure conversar com os educandos(as) e investigar o que eles(as) modificariam na prática do professor caso estivessem em seu lugar.
- **Analisando materiais pedagógicos da EJA** – Identifique alguns livros e demais materiais didáticos que são utilizados nas salas de EJA em sua localidade. Observe o conteúdo, os exercícios, a avaliação etc. Em seguida, reflita: Para que tem servido a EJA?. Se possível, busque materiais didáticos utilizados em projetos educacionais de outros períodos da EJA, como Mobral, campanhas de educação de adultos, entre outros.

Capítulo dois

Legislação educacional e educação de jovens e adultos no Brasil

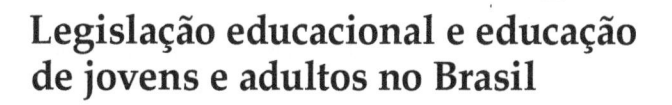

A legislação educacional expressa características da educação de jovens e adultos (EJA) em determinadas conjunturas. Neste capítulo, trataremos da EJA com base no que está exposto nas Diretrizes Curriculares Nacionais (DCN) da Educação de Jovens e Adultos (2000), verificaremos as metas estabelecidas no Plano Nacional de Educação (PNE – 2001 a 2011; 2014 a 2024) para essa modalidade de ensino e as Diretrizes Operacionais da EJA (2021), procurando alinhá-las aos princípios da Base Nacional Comum Curricular (BNCC). Veremos as leis, os decretos e as portarias que fizeram menção à educação de adultos com base na obra de Beisiegel (1997) e em textos legais.

2.1 Breve cronologia de atos jurídicos que fizeram emergir práticas de educação de adultos

A Lei n. 16, de 12 de agosto de 1834 (Brasil, 1834), também conhecida como *Ato Adicional de 1834*, atribuía aos governos provinciais o tratamento das questões da educação fundamental das crianças e, por extensão, dos adultos.

Em 1879, um período escravocrata em que a preocupação com a instrução pública começava a ganhar fôlego, uma vez que os índices de analfabetismo eram alarmantes, foi apresentado por Leôncio de

Carvalho o Decreto n. 7.247, de 19 de abril de 1879 (Brasil, 1879), que tratava da reforma do ensino primário e secundário. Esse documento previa a criação de cursos para adultos analfabetos, livres ou libertos, do sexo masculino, com duas horas diárias de duração no verão e três no inverno.

A Constituição 1891, a primeira após a Proclamação da República, em 1889, deu continuidade à orientação descentralizadora para a educação popular. O reconhecimento do caráter nacional da educação como direito de todos, porém, só ocorreu com a Constituição de 1934, que se referiu ao Plano Nacional de Ensino (PNE), o qual deveria obedecer ao princípio do ensino primário integral, gratuito, de frequência obrigatória e extensivo aos adultos.

No período em que a industrialização começou a ganhar fôlego e as cidades cresceram, ampliou-se também o número de leis, portarias e decretos voltados ao ensino fundamental e à educação de adultos, afinal, desde a Proclamação da República, o analfabetismo vem sendo discutido como a "vergonha nacional" e considerado uma das causas do subdesenvolvimento do país.

O Decreto n. 19.513, de 25 de agosto de 1945 (Brasil, 1945) regulamentou ações do Fundo Nacional de Ensino Primário (FNEP), criado em 1942, voltadas às unidades federadas, estabelecendo que 25% de cada auxílio federal seriam destinados à educação primária de adolescentes e adultos analfabetos.

A Lei Orgânica do Ensino Primário – Decreto-Lei n. 8.529, de 2 de janeiro de 1946 (Brasil, 1946) – menciona o curso primário supletivo, voltado a adolescentes e adultos, com disciplinas obrigatórias e dois anos de duração, com os mesmos princípios do ensino primário fundamental. Em 1947 foi organizado um Serviço Nacional de Educação, o que possibilitou a ação da Campanha Nacional de Educação de Adultos. Uma década mais tarde, em 1958, foi instituída a Campanha Nacional de Erradicação do Analfabetismo.

Em 1961, foi oficializado o Movimento de Educação de Base por meio do Decreto n. 50.370, de 21 de março de 1961 (Brasil, 1961a), que estabelecia as diretrizes do convênio celebrado entre o governo da União e o Conselho Nacional dos Bispos do Brasil (CNBB). Já com a Lei n. 4.024, de 20 de dezembro de 1961 (Brasil, 1961b) ficou determinado que as pessoas maiores de 16 anos poderiam obter certificados de conclusão de curso ginasial mediante a realização de exames de madureza após estudos efetivados fora do regime escolar.

O Movimento Brasileiro de Alfabetização (Mobral) foi criado em 1967, por meio da Lei n. 5.379, de 15 de dezembro de 1967 (Brasil, 1967), mas extinto em novembro de 1985, pelo Decreto n. 91.980, de 25 de novembro de 1985 (Brasil, 1985), que atribuía à Fundação Educar o fomento a programas destinados àqueles que não tiveram acesso à escola ou que dela foram excluídos.

Com a Lei n. 5.692, de 11 de agosto de 1971 (Brasil, 1971), foi regulamentada a inserção do ensino supletivo no ensino regular. Nesse período, o Mobral e, depois, a Fundação Educar ainda continuaram como os responsáveis pela manutenção dos cursos equivalentes às quatro primeiras séries do antigo primeiro grau. A idade para os exames supletivos era de 18 anos até a conclusão do ensino de primeiro grau e de 21 anos até a conclusão do segundo grau.

Em 1988, com a Constituição Federal, ficou registrada a garantia de ensino fundamental, obrigatório e gratuito a todos aqueles que não tiveram acesso a ele na idade própria:

> Art. 208. O dever do Estado com a educação será efetivado mediante a garantia de:
>
> I – educação básica obrigatória e gratuita dos 4 (quatro) aos 17 (dezessete) anos de idade, assegurada inclusive sua oferta gratuita para todos os que a ela não tiveram acesso na idade própria;
>
> II – progressiva universalização do ensino médio gratuito;
>
> III – atendimento educacional especializado aos portadores de deficiência, preferencialmente na rede regular de ensino;

IV – educação infantil, em creche e pré-escola, às crianças até 5 (cinco) anos de idade;

V – acesso aos níveis mais elevados do ensino, da pesquisa e da criação artística, segundo a capacidade de cada um;

VI – oferta de ensino noturno regular, adequado às condições do educando;

VII – atendimento ao educando, em todas as etapas da educação básica, por meio de programas suplementares de material didático escolar, transporte, alimentação e assistência à saúde.

§ 1º O acesso ao ensino obrigatório e gratuito é direito público subjetivo.

§ 2º O não oferecimento do ensino obrigatório pelo Poder Público, ou sua oferta irregular, importa responsabilidade da autoridade competente.

§ 3º Compete ao Poder Público recensear os educandos no Ensino Fundamental, fazer-lhes a chamada a zelar, juntos aos pais ou responsáveis, pela frequência à escola. (Brasil, 1988)

Desde 1988, muitas modificações foram feitas no texto constitucional. Descreveremos algumas delas a seguir antes de analisarmos a EJA na Lei n. 9.394, de 20 de dezembro de 1996, a Lei de Diretrizes e Bases da Educação Nacional – LDBEN (Brasil, 1996b).

O art. 212 da Constituição determina que:

A União aplicará, anualmente, nunca menos de dezoito, e os Estados, o Distrito Federal e os Municípios vinte e cinco por cento, no mínimo, da receita resultante de impostos, compreendida a proveniente de transferências na manutenção e desenvolvimento do ensino. (Brasil, 1988)

Sobre o financiamento da educação, a Emenda Constitucional n. 14, de 12 de setembro de 1996 (Brasil, 1996a), modifica os arts. 34, 208, 211 e 212 da Constituição Federal e dá nova redação ao art. 60 do Ato das Disposições Constitucionais Transitórias (ADCT), dispondo em seu art. 5º, parágrafo 6º, que:

A União **aplicará na erradicação do analfabetismo** e na manutenção e no desenvolvimento do ensino fundamental, inclusive na complementação a que se refere o § 3º, **nunca menos que o equivalente a trinta por cento dos recursos** a que se refere o caput do art. 212 da Constituição Federal. (Brasil, 1996a, grifo nosso)

A Lei 9.424, de 24 de dezembro de 1996 (Brasil, 1996c) dispôs sobre o Fundo de Manutenção e Desenvolvimento do Ensino Fundamental e de Valorização do Magistério (Fundef), na forma prevista no art. 60, parágrafo 7º, do ADCT (Brasil, 1988). Essa lei foi revogada pela Lei n. 11.494, de 20 de junho de 2007 (Brasil, 2007), que regulamentou o Fundo de Manutenção e Desenvolvimento da Educação Básica e de Valorização dos Profissionais da Educação (Fundeb), de que trata o art. 60 do ADCT (Brasil, 1988); alterou a Lei n. 10.195, de 14 de fevereiro de 2001 (Brasil, 2001b); e revogou dispositivos da Lei n. 9.424/1996. Nessa lei, a modalidade EJA foi considerada na política de fundos de financiamento da educação, assim como a educação do campo, a quilombola, a indígena, entre outras. Todavia, havia uma limitação de que a modalidade EJA não poderia receber valor maior do que 15% do total dos recursos do Fundeb, o que é criticado por Carvalho (2014), Machado (2009), Di Pierro (2015), entre outros.

Quanto ao art. 60 do ADCT, com a Emenda Constitucional n. 14/1996, foi criado, como já dito, o Fundef, porém a expressão *eliminar o analfabetismo*, que aparecia ao lado de universalização do ensino fundamental, foi retirada (Brasil, 1996a).

Os arts. 158 e 212-A da Constituição e o art. 60 do ADCT foram modificados com a Emenda Constitucional n. 108, de 26 de agosto de 2020 (Brasil, 2020a). Essa emenda altera a distribuição das cotas municipais do Imposto sobre Operações relativas à Circulação de Mercadorias e sobre Prestações de Serviços de Transporte Interestadual e Intermunicipal e de Comunicação (ICMS).

Dessa forma, o art. 158 da Constituição passa a vigorar com a seguinte redação:

> Art. 158. Pertencem aos Municípios:
>
> I – o produto da arrecadação do imposto da União sobre renda e proventos de qualquer natureza, incidente na fonte, sobre rendimentos pagos, a qualquer título, por eles, suas autarquias e pelas fundações que instituírem e mantiverem;

II – cinquenta por cento do produto da arrecadação do imposto da União sobre a propriedade territorial rural, relativamente aos imóveis neles situados, cabendo a totalidade na hipótese da opção a que se refere o art. 153, § 4º, III;

III – cinquenta por cento do produto da arrecadação do imposto do Estado sobre a propriedade de veículos automotores licenciados em seus territórios;

IV – vinte e cinco por cento do produto da arrecadação do imposto do Estado sobre operações relativas à circulação de mercadorias e sobre prestações de serviços de transporte interestadual e intermunicipal e de comunicação.

Parágrafo único. As parcelas de receita pertencentes aos Municípios, mencionadas no inciso IV, serão creditadas conforme os seguintes critérios:

I – 65% (sessenta e cinco por cento), no mínimo, na proporção do valor adicionado nas operações relativas à circulação de mercadorias e nas prestações de serviços, realizadas em seus territórios;

II – até 35% (trinta e cinco por cento), de acordo com o que dispuser lei estadual, observada, obrigatoriamente, a distribuição de, no mínimo, 10 (dez) pontos percentuais com base em indicadores de melhoria nos resultados de aprendizagem e de aumento da equidade, considerado o nível socioeconômico dos educandos. (Brasil, 1988)

A leitura do texto de Souza (2021) auxilia na compreensão da composição do "novo Fundeb" sob a interferência da Emenda n. 108/2020. O autor chama a atenção para o inciso II do parágrafo único, em especial sobre a distribuição dos recursos por critérios meritocráticos, que, ele acredita, podem reforçar desigualdades ao invés de superá-las. É importante que cada leitor analise as receitas municipais e estaduais e o respectivo destino à educação, em particular para a EJA.

O que se observa é que o texto constitucional sofre modificações a cada conjuntura política. De 1988 a 2022, o país vivenciou os seguintes governos:

- 1985 a 1990 – José Sarney;
- 1991 a 1992 – Fernando Collor;
- 1993 a 1995 – Itamar Franco;
- 1995 a 2002 – Fernando Henrique Cardoso;
- 2003 a 2010 – Luiz Inácio Lula da Silva;

- 2011 a 2016 – Dilma Rousseff;
- 2016 a 2018 – Michel Temer;
- 2019 a 2022 – Jair Bolsonaro;
- 2023 até o presente momento – novamente Luiz Inácio da Silva.

Nesses governos, foram aprovadas leis e realizadas modificações no texto Constitucional que afetaram a educação com relação a políticas, práticas pedagógicas, valorização e condições de trabalho de professores.

Em dezembro de 1996, sob o governo de Fernando Henrique Cardoso, foi aprovada a LBDEN (com alterações inseridas em 2008 e 2018), que, nos arts. 37 e 38, dispõe sobre a EJA:

> Art. 37. A educação de jovens e adultos será destinada àqueles que não tiveram acesso ou continuidade de estudos nos ensinos fundamental e médio na idade própria e constituirá instrumento para a educação e a aprendizagem ao longo da vida.
>
> § 1º Os sistemas de ensino assegurarão gratuitamente aos jovens e aos adultos, que não puderam efetuar os estudos na idade regular, oportunidades educacionais apropriadas, consideradas as características do alunado, seus interesses, condições de vida e de trabalho, mediante cursos e exames.
>
> § 2º O Poder Público viabilizará e estimulará o acesso e a permanência do trabalhador na escola, mediante ações integradas e complementares entre si.
>
> § 3º A educação de jovens e adultos deverá articular-se, preferencialmente, **com a educação profissional, na forma do regulamento.**
>
> Art. 38. Os sistemas de ensino manterão cursos e exames supletivos, que compreenderão a base nacional comum do currículo, habilitando ao prosseguimento de estudos em caráter regular.
>
> § 1º Os exames a que se refere este artigo realizar-se-ão:
>
> I – no nível de conclusão do ensino fundamental, para os **maiores de quinze anos**;
>
> II – no nível de conclusão do ensino médio, para os **maiores de dezoito anos**.
>
> § 2º Os conhecimentos e habilidades adquiridos pelos educandos por meios informais serão aferidos e reconhecidos mediante exames. (Brasil, 1996b, grifo nosso)

É possível notar que a LDBEN alterou a idade para a realização dos exames supletivos em relação à Lei n. 5.692/1971, diminuindo-a.

É importante nos atentarmos às modificações na legislação, pois elas indicam contradições e retrocessos na trajetória da EJA no país. Desde a criação do Ministério da Educação e da Saúde, na década de 1930, fala-se na *erradicação do analfabetismo*, mas a questão torna-se cada vez mais atual em razão da desistência e da repetência escolar, somados à baixa média de anos de estudo da população brasileira e as dificuldades na elaboração e na efetivação das políticas educacionais no segmento da EJA.

Os documentos que direcionam a EJA no Brasil são: a Resolução n. 1, de 5 de julho de 2000 (Brasil, 2000), que instituiu as diretrizes curriculares da EJA; a Resolução n. 3, de 15 de junho de 2010 (Brasil, 2010), que instituiu as diretrizes operacionais para a EJA nos aspectos relativos à duração dos cursos e à idade mínima para ingressos nos cursos, à idade mínima e à certificação nos exames e à educação a distância; e a Resolução n. 1, de 25 de maio de 2021 (Brasil, 2021a), que instituiu as diretrizes operacionais da EJA. Além dessas resoluções, em 2019, foi publicado o Decreto n. 9.765, de 11 de abril de 2019 (Brasil, 2019a), que instituiu a Política Nacional de Alfabetização (PNA).

Na sequência, verificaremos os elementos centrais desses documentos normativos, mas a leitura integral deles é fundamental para a compreensão do que se modificou na política da EJA no Brasil, em uma perspectiva histórica.

2.2 Diretrizes curriculares e operacionais da educação de jovens e adultos: trajetória de 20 anos

As diretrizes curriculares e operacionais da EJA são normativas importantes à efetivação do direito à educação. Elas sofrem modificações em conformidade com o movimento da realidade, as necessidades da população jovem, adulta e idosa e as demandas dos coletivos de profissionais da área.

Em um primeiro momento, vamos conferir os dispositivos centrais publicados nas diretrizes curriculares nacionais para a EJA; em seguida, verificaremos as normativas que levam em conta as possibilidades da educação a distância e os desafios que ainda precisam ser superados nessa modalidade educacional.

2.2.1 Diretrizes curriculares para a educação de jovens e adultos de 2000

A EJA é uma modalidade da educação básica e como tal tem suas especificidades. Com a elaboração das Diretrizes Curriculares Nacionais (DCN) para o Ensino Fundamental e para o Ensino Médio, em 1998, começam a ser configuradas as diretrizes para a EJA, o que só ocorreu, efetivamente, com a Resolução n. 1/2000, que estabeleceu as Diretrizes Curriculares Nacionais para a Educação de Jovens e Adultos.

Ao ler o conteúdo desse documento, é importante levar em conta as seguintes questões:

- Qual é o objetivo dessas diretrizes?
- O que está anunciado sobre os conteúdos e as propostas pedagógicas para a EJA no país?
- Qual é a idade mínima para inscrição e realização de exames supletivos?
- Quais são as instituições que podem ofertar a EJA?
- Como ocorre a avaliação da aprendizagem do aluno da EJA?
- O que está disposto nas diretrizes sobre a certificação?
- O que deve ser valorizado na formação inicial e continuada dos profissionais da EJA?

A seguir, vamos reproduzir alguns artigos dessa resolução. Os negritos têm o intuito de chamar a atenção para aspectos importantes do documento, como os fundamentos oriundos da legislação e os princípios da EJA. É importante lembrar que as diretrizes dos ensinos fundamental e médio são estendidas à EJA, conforme o art. 3º das diretrizes da EJA.

Art. 1º Esta Resolução institui as Diretrizes Curriculares Nacionais para a Educação de Jovens e Adultos a serem obrigatoriamente observadas na oferta e na estrutura dos componentes curriculares de ensino fundamental e médio dos cursos que se desenvolvem, predominantemente, por meio do ensino, em instituições próprias e integrantes da organização da educação nacional nos diversos sistemas de ensino, à luz do caráter próprio desta modalidade de educação.

Art. 2º A presente Resolução abrange os processos formativos da Educação de Jovens e Adultos como modalidade da Educação Básica nas etapas dos ensinos fundamental e médio, **nos termos da Lei de Diretrizes e Bases da Educação Nacional, em especial dos seus artigos 4º, 5º, 37, 38, e 87 e, no que couber, da Educação Profissional**.

§ 1º Estas Diretrizes servem como **referência opcional** para as iniciativas autônomas que se desenvolvem sob a forma de processos formativos extraescolares na sociedade civil.

§ 2º Estas Diretrizes se estendem à oferta dos exames supletivos para efeito de certificados de conclusão das etapas do ensino fundamental e do ensino médio da Educação de Jovens e Adultos.

[...]

Art. 5º Os **componentes curriculares** consequentes ao modelo pedagógico próprio da Educação de Jovens e Adultos e expressos nas propostas pedagógicas das unidades educacionais **obedecerão aos princípios, aos objetivos e às diretrizes curriculares** tais como formulados no Parecer CNE/CEB 11/2000, que acompanha a presente Resolução, nos pareceres CNE/CEB 4/98, CNE/CEB 15/98 e CNE/CEB 16/99, suas respectivas resoluções e as orientações próprias dos sistemas de ensino.

Parágrafo único. Como modalidade destas etapas da Educação Básica, a **identidade própria da Educação de Jovens e Adultos considerará as situações, os perfis dos estudantes, as faixas etárias e se pautará pelos princípios de equidade, diferença e proporcionalidade na apropriação e contextualização das diretrizes curriculares nacionais e na proposição de um modelo pedagógico próprio**, de modo a assegurar:

I – quanto à **equidade**, a distribuição específica dos componentes curriculares a fim de propiciar um patamar igualitário de formação e restabelecer a igualdade de direitos e de oportunidades face ao direito à educação;

II – quanto à **diferença**, a identificação e o reconhecimento da alteridade própria e inseparável dos jovens e dos adultos em seu processo formativo, da valorização do mérito de cada qual e do desenvolvimento de seus conhecimentos e valores;

III – quanto à *proporcionalidade*, a disposição e alocação adequadas dos componentes curriculares face às necessidades próprias da Educação de Jovens e Adultos com espaços e tempos nos quais as práticas pedagógicas assegurem aos seus estudantes identidade formativa comum aos demais participantes da escolarização básica.

Art. 6º Cabe a **cada sistema de ensino definir a estrutura e a duração dos cursos da Educação de Jovens e Adultos**, respeitadas as diretrizes curriculares nacionais, a identidade desta modalidade de educação e o regime de colaboração entre os entes federativos.

Art. 7º Obedecidos o disposto no Art. 4º, I e VII da LDB e a regra da prioridade para o atendimento da escolarização universal obrigatória, **será considerada idade mínima para a inscrição e realização de exames supletivos de conclusão do Ensino Fundamental a de 15 anos completos.**

Parágrafo único. Fica vedada, em cursos de Educação de Jovens e Adultos, a matrícula e a assistência de crianças e de adolescentes da faixa etária compreendida na escolaridade universal obrigatória, ou seja, de sete a quatorze anos completos.

Art. 8º Observado o disposto no Art. 4º, VII da LDB, **a idade mínima para a inscrição e realização de exames supletivos de conclusão do ensino médio é a de 18 anos completos.**

§ 1º O direito dos menores emancipados para os atos da vida civil não se aplica para o da prestação de exames supletivos.

§ 2º Semelhantemente ao disposto no parágrafo único do Art. 7º, os cursos de Educação de Jovens e Adultos de nível médio deverão ser voltados especificamente para alunos de faixa etária superior à própria para a conclusão deste nível de ensino, ou seja, 17 anos completos.

[...]

Art. 10 **No caso de cursos semipresenciais e a distância, os alunos só poderão ser avaliados, para fins de certificados de conclusão, em exames supletivos presenciais oferecidos por instituições especificamente autorizadas**, credenciadas e avaliadas pelo poder público, dentro das competências dos respectivos sistemas, conforme a norma própria sobre o assunto e sob o princípio do regime de colaboração.

[...]

Art. 17 A **formação inicial e continuada de profissionais para a Educação de Jovens e Adultos** terá como referência as Diretrizes Curriculares Nacionais para o Ensino Fundamental e para o Ensino Médio e as Diretrizes Curriculares Nacionais para a formação de professores, apoiada em:

I – ambiente institucional com organização adequada à proposta pedagógica;

II – investigação dos problemas desta modalidade de educação, buscando oferecer soluções teoricamente fundamentadas e socialmente contextuadas;

III – desenvolvimento de práticas educativas que correlacionem teoria e prática;

IV – utilização de métodos e técnicas que contemplem códigos e linguagens apropriados às situações específicas de aprendizagem.

Art. 18 Respeitado o Art. 5º desta Resolução, **os cursos de Educação de Jovens e Adultos que se destinam ao ensino fundamental deverão obedecer em seus componentes curriculares aos Art. 26, 27, 28 e 32 da LDB** e às diretrizes curriculares nacionais para o ensino fundamental.

Parágrafo único. Na organização curricular, competência dos sistemas, a língua estrangeira é de oferta obrigatória nos anos finais do ensino fundamental.

Art. 19 Respeitado o Art. 5º desta Resolução, **os cursos de Educação de Jovens e Adultos que se destinam ao ensino médio deverão obedecer em seus componentes curriculares aos Art. 26, 27, 28, 35 e 36** da LDB e às diretrizes curriculares nacionais para o ensino médio.

Art. 20 **Os exames supletivos,** para efeito de certificado formal de conclusão do ensino fundamental, quando autorizados e reconhecidos pelos respectivos sistemas de ensino, **deverão seguir o Art. 26 da LDB e as diretrizes curriculares nacionais para o ensino fundamental**.

§ 1º A explicitação desses componentes curriculares nos exames será definida pelos respectivos sistemas, respeitadas as especificidades da educação de jovens e adultos.

§ 2º A Língua Estrangeira, nesta etapa do ensino, é de oferta obrigatória e de prestação facultativa por parte do aluno.

§ 3º Os sistemas deverão prever exames supletivos que considerem as peculiaridades dos **portadores de necessidades especiais**.

Art. 21. **Os exames supletivos, para efeito de certificado formal de conclusão do ensino médio**, quando autorizados e reconhecidos pelos respectivos sistemas de ensino, **deverão observar os Art. 26 e 36 da LDB e as diretrizes curriculares nacionais do ensino médio**.

§ 1º Os conteúdos e as competências assinalados nas áreas definidas nas diretrizes curriculares nacionais do ensino médio serão explicitados pelos respectivos sistemas, observadas as especificidades da educação de jovens e adultos.

§ 2º A língua estrangeira é componente obrigatório na oferta e prestação de exames supletivos.

§ 3º Os sistemas deverão prever exames supletivos que considerem as peculiaridades dos **portadores de necessidades especiais**.

Art. 22 **Os estabelecimentos poderão aferir e reconhecer, mediante avaliação, conhecimentos e habilidades obtidos em processos formativos extraescolares**, de acordo com as normas dos respectivos sistemas e no âmbito de suas competências, inclusive para a educação profissional de nível técnico, obedecidas as respectivas diretrizes curriculares nacionais.

[...]

Art. 24 **As escolas indígenas** dispõem de norma específica contida na Resolução CNE/CEB 3/99, anexa ao Parecer CNE/CEB 14/99.

Parágrafo único. Aos egressos das escolas indígenas e postulantes de ingresso em cursos de Educação de Jovens e Adultos, será admitido o aproveitamento destes estudos, de acordo com as normas fixadas pelos sistemas de ensino. (Brasil, 2000, grifo nosso)

Indicações culturais

BRASIL. Ministério da Educação. Conselho Nacional de Educação. Câmara de Educação Básica. Resolução n. 1, de 5 de julho de 2000. **Diário Oficial da União**, Brasília, DF, 19 jul. 2000. Disponível em: <http://portal.mec.gov.br/cne/arquivos/pdf/CEB012000.pdf>. Acesso em: 27 mar. 2023.

A leitura atenta desse documento é imprescindível a seus estudos.

BRASIL. Ministério da Educação. Conselho Nacional de Educação. Câmara de Educação Básica. Parecer n. 11, de 10 de maio de 2000. **Diário Oficial da União**, Brasília, DF, 9 jun. 2000. Disponível em: <http://portal.mec.gov.br/cne/arquivos/pdf/PCB11_2000.pdf>. Acesso em: 27 mar. 2023.

Além do texto das diretrizes, a leitura desse parecer também é de suma importância a seus estudos.

REVISTA E-MOSAICOS. v. 10, n. 24, 2021. **Dossiê Temático**: 20 anos das Diretrizes Curriculares Nacionais para a Educação de Jovens e Adultos. Disponível em: <https://www.e-publicacoes.uerj.br/index.php/e-mosaicos/issue/view/2518/showToc>. Acesso em: 23 mar. 2023.

Essa publicação contém artigos que possibilitam a compreensão dos avanços e dos recuos das diretrizes nacionais (curriculares e operacionais) da EJA no Brasil.

Mas o que é possível verificar nas diretrizes nacionais para a EJA?

- Trata-se de um documento que deve, obrigatoriamente, ser observado pelas instituições que oferecem a EJA e constitui referência opcional para as iniciativas autônomas que se caracterizam como educação não formal.
- Defende um modelo pedagógico próprio que propicie equidade, que respeite a diferença (alteridade de jovens e adultos) e que tenha proporcionalidade, com disposição dos componentes curriculares de modo a garantir práticas pedagógicas que assegurem a seus alunos identidade formativa comum aos demais participantes da escolarização básica. Essa questão é de extrema relevância, uma vez que as salas de EJA são marcadas por pessoas com diferentes experiências de vida, faixa etária, opção sexual, cor, raça etc.
- Apresenta a definição dos objetivos da EJA, bem como estabelece a idade mínima para inscrição e a realização dos exames supletivos em conformidade com a LDBEN.

- A formação dos profissionais para a EJA tem como referência as Diretrizes Curriculares Nacionais para o Ensino Fundamental, Médio e Educação Superior – formação de professores.
- Pode ser um sinal de que a EJA conseguiu se fortalecer como modalidade da educação básica. No entanto, ainda há muito a se fazer na política, nas práticas pedagógicas, na formação de professores e na motivação das pessoas à continuidade dos estudos.

Diante do que foi exposto sobre a legislação e as diretrizes para a EJA, é possível questionar: A sociedade civil tem intensificado as práticas pedagógicas e as demandas em torno de uma política de EJA, porém, nos cursos de formação de professores, quais são as inovações pedagógicas? O estudo dos documentos oficiais e dos relatórios que são produzidos ao final dos eventos organizados pela sociedade civil tem lugar nas licenciaturas que formam os professores? Quais ações são projetadas no campo da EJA nos cursos de Pedagogia? Esses são pontos importantes que ainda precisam ser pensados a fim de melhorar a qualidade da EJA em nosso país.

2.2.2 Diretrizes operacionais da educação de jovens e adultos: idade mínima, certificação e educação a distância – 2010

A Resolução n. 3, de 15 de junho de 2010 (Brasil, 2010) instituiu as Diretrizes Operacionais para a Educação de Jovens e Adultos nos aspectos relativos à duração dos cursos, à idade mínima para ingresso nos cursos, à idade mínima e à certificação nos exames e à educação a distância.

Essas diretrizes foram elaboradas mediante intenso diálogo com a sociedade civil. Fóruns e encontros nacionais são importantes espaços públicos de debates sobre a realidade educacional, os problemas que persistem na EJA, os avanços político-pedagógicos, os desafios conjunturais, o financiamento da EJA, a produção de materiais didáticos e a formação continuada de professores. Nesses espaços, os protagonistas são os sujeitos da EJA: educandos(as); educadoras(es); movimentos e organizações sociais; pesquisadoras(es) e instâncias governamentais.

No período de gestão dessas diretrizes, a Secretaria de Educação Continuada, Alfabetização e Diversidade (Secad) e, posteriormente, organizada como Secretaria de Educação Continuada, Alfabetização, Diversidade e Inclusão (Secadi), teve protagonismo governamental na definição de políticas educacionais voltadas à diversidade no conjunto da EJA.

Vejamos alguns artigos da respectiva resolução:

> Art. 3º A presente Resolução mantém os princípios, os objetivos e as Diretrizes formulados no Parecer CNE/CEB nº 11/2000, que estabeleceu as Diretrizes Curriculares Nacionais para a Educação de Jovens e Adultos e, quanto à Resolução CNE/CEB nº 1/2000, amplia o alcance do disposto no artigo 7º para definir a idade mínima também para a frequência em cursos de EJA, bem como substitui o termo "supletivo" por "EJA", no caput do artigo 8º, que determina idade mínima para o Ensino Médio em EJA, passando os mesmos a terem, respectivamente, a redação constante nos artigos 4º, 5º e 6º desta Resolução.
>
> Art. 4º Quanto à duração dos cursos presenciais de EJA, mantém-se a formulação do Parecer CNE/CEB nº 29/2006, acrescentando o total de horas a serem cumpridas, independentemente da forma de organização curricular:
>
> I – para os anos iniciais do Ensino Fundamental, a duração deve ficar a critério dos sistemas de ensino;
>
> II – para os anos finais do Ensino Fundamental, a duração mínima deve ser de 1.600 (mil e seiscentas) horas;
>
> III – para o Ensino Médio, a duração mínima deve ser de 1.200 (mil e duzentas) horas.
>
> Parágrafo único. Para a Educação Profissional Técnica de Nível Médio integrada com o Ensino Médio, reafirma-se a duração de 1.200 (mil e duzentas) horas destinadas à educação geral, cumulativamente com a carga horária mínima para a respectiva habilitação profissional de Nível Médio, tal como estabelece a Resolução CNE/CEB nº 4/2005, e para o ProJovem, a duração estabelecida no Parecer CNE/CEB nº 37/2006.
>
> Art. 5º Obedecidos o disposto no artigo 4º, incisos I e VII, da Lei nº 9.394/96 (LDB) e a regra da prioridade para o atendimento da escolarização obrigatória,

será considerada idade mínima para os cursos de EJA e para a realização de exames de conclusão de EJA do Ensino Fundamental a de 15 (quinze) anos completos. Parágrafo único. Para que haja oferta variada para o pleno atendimento dos adolescentes, jovens e adultos situados na faixa de 15 (quinze) anos ou mais, com defasagem idade-série, tanto sequencialmente no ensino regular quanto na Educação de Jovens e Adultos, assim como nos cursos destinados à formação profissional, nos termos do § 3 o do artigo 37 da Lei nº 9.394/96, torna-se necessário:

I – fazer a chamada ampliada de estudantes para o Ensino Fundamental em todas as modalidades, tal como se faz a chamada das pessoas de faixa etária obrigatória do ensino;

II – incentivar e apoiar as redes e sistemas de ensino a estabelecerem, de forma colaborativa, política própria para o atendimento dos estudantes adolescentes de 15 (quinze) a 17 (dezessete) anos, garantindo a utilização de mecanismos específicos para esse tipo de alunado que considerem suas potencialidades, necessidades, expectativas em relação à vida, às culturas juvenis e ao mundo do trabalho, tal como prevê o artigo 37 da Lei nº 9.394/96, inclusive com programas de aceleração da aprendizagem, quando necessário;

III – incentivar a oferta de EJA nos períodos escolares diurno e noturno, com avaliação em processo.

Art. 6º Observado o disposto no artigo 4º, inciso VII, da Lei nº 9.394/96, a idade mínima para matrícula em cursos de EJA de Ensino Médio e inscrição e realização de exames de conclusão de EJA do Ensino Médio é 18 (dezoito) anos completos. Parágrafo único. O direito dos menores emancipados para os atos da vida civil não se aplica para o da prestação de exames supletivos.

Art. 7º Em consonância com o Título IV da Lei nº 9.394/96, que estabelece a forma de organização da educação nacional, a certificação decorrente dos exames de EJA deve ser competência dos sistemas de ensino.

[...]

VI – realizar avaliação das aprendizagens dos estudantes da Educação de Jovens e Adultos, integrada às avaliações já existentes para o Ensino Fundamental e o Ensino Médio, capaz de oferecer dados e informações para subsidiar o estabelecimento de políticas públicas nacionais compatíveis com a realidade, sem o objetivo de certificar o desempenho de estudantes.

[...]

Art. 9º Os cursos de EJA desenvolvidos por meio da EAD, como reconhecimento do ambiente virtual como espaço de aprendizagem, serão restritos ao segundo segmento do Ensino Fundamental e ao Ensino Médio, com as seguintes características:

I – a duração mínima dos cursos de EJA, desenvolvidos por meio da EAD, será de 1.600 (mil e seiscentas) horas, nos anos finais do Ensino Fundamental, e de 1.200 (mil e duzentas) horas, no Ensino Médio;

II – a idade mínima para o desenvolvimento da EJA com mediação da EAD será a mesma estabelecida para a EJA presencial: 15 (quinze) anos completos para o segundo segmento do Ensino Fundamental e 18 (dezoito) anos completos para o Ensino Médio;

III – cabe à União, em regime de cooperação com os sistemas de ensino, o estabelecimento padronizado de normas e procedimentos para os processos de autorização, reconhecimento e renovação de reconhecimento dos cursos a distância e de credenciamento das instituições, garantindo-se sempre padrão de qualidade;

IV – os atos de credenciamento de instituições para a oferta de cursos a distância da Educação Básica no âmbito da unidade federada deve ficar ao encargo dos sistemas de ensino;

V – para a oferta de cursos de EJA a distância fora da unidade da federação em que estiver sediada, a instituição deverá obter credenciamento nos Conselhos de Educação das unidades da federação onde irá atuar;

VI – tanto no Ensino Fundamental quanto no Ensino Médio, a EAD deve ser desenvolvida em comunidade de aprendizagem em rede, com aplicação, dentre outras, das Tecnologias de Informação e Comunicação (TIC) na "busca inteligente" e na interatividade virtual, com garantia de ambiente presencial escolar devidamente organizado para as práticas relativas à formação profissional, de avaliação e gestão coletiva do trabalho, conjugando as diversas políticas setoriais de governo;

VII – a interatividade pedagógica será desenvolvida por professores licenciados na disciplina ou atividade, garantindo relação adequada de professores por número de estudantes;

VIII – aos estudantes serão fornecidos livros didáticos e de literatura, além de oportunidades de consulta nas bibliotecas dos polos de apoio pedagógico organizados para tal fim;

IX – infraestrutura tecnológica como polo de apoio pedagógico às atividades escolares que garanta acesso dos estudantes à biblioteca, rádio, televisão e internet aberta às possibilidades da chamada convergência digital;

X – haja reconhecimento e aceitação de transferências entre os cursos de EJA presencial e os desenvolvidos com mediação da EAD;

XI – será estabelecido, pelos sistemas de ensino, processo de avaliação de EJA desenvolvida por meio da EAD, no qual:

a) a avaliação da aprendizagem dos estudantes seja contínua, processual e abrangente, com autoavaliação e avaliação em grupo, sempre presenciais;

b) haja avaliação periódica das instituições escolares como exercício da gestão democrática e garantia do efetivo controle social de seus desempenhos;

c) seja desenvolvida avaliação rigorosa para a oferta de cursos, descredenciando práticas mercantilistas e instituições que não zelem pela qualidade de ensino; [...]. (Brasil, 2010)

Vale destacar a conclusão do Parecer n. 23, de 8 de outubro de 2008, sobre a EJA:

4. A EJA desenvolvida por meio da EAD, no 2º segmento do Ensino Fundamental, seja feita em comunidade de aprendizagem em rede, com aplicação, dentre outras, das TIC na "busca inteligente" e na interatividade virtual, com garantia de ambiente presencial escolar devidamente organizado para as práticas de informática com internet, de grupos/turmas por projetos interdisciplinares, bem como para àquelas relativas à formação profissional e gestão coletiva do trabalho, conjugadas às demais políticas setoriais do governo.

5. A EJA desenvolvida por meio da EAD, no Ensino Médio, além dos requisitos estabelecidos para o 2º segmento Ensino Fundamental, seja desenvolvida de forma a possibilitar que interatividade virtual se desenvolva de modo mais intenso, inclusive na produção de linguagens multimídia.

[...]

12. Seja estabelecido um sistema de avaliação da EJA, desenvolvida por meio da EAD, na qual: 1) a avaliação de aprendizagem dos estudantes seja contínua/ processual e abrangente, como autoavaliação e avaliação em grupo presenciais; 2) haja avaliação periódica das instituições escolares como exercício da gestão democrática e garantia do efetivo controle social de seus desempenhos;

3) seja desenvolvida avaliação rigorosa da oferta de iniciativa privada que descredencie as práticas mercantilistas. (Brasil, 2008c, p. 27)

Além dos aspectos relacionados à idade, à avaliação e à modalidade a distância, esse parecer e as diretrizes dão atenção à formação continuada de professores, desenvolvida pela Universidade Aberta do Brasil em conjunto com as universidades públicas e sistemas de ensino.

> **Indicações culturais**
>
> BRASIL. Ministério da Educação. Conselho Nacional de Educação. Câmara de Educação Básica. Parecer n. 23, de 8 de outubro de 2008. **Diário Oficial da União**, Brasília, DF, 8 out. 2008. Disponível em: <http://portal.mec.gov.br/index.php?option=com_docman&view=download&alias=14331-pceb023-08&Itemid=30192>. Acesso em: 27 mar. 2023.
>
> Para melhor compreensão dos avanços que essas diretrizes operacionais representam para a EJA, sugere-se a leitura desse parecer que demonstra a movimentação feita na sociedade brasileira, em diálogos com várias entidades da sociedade civil e com a então Secad.
>
> BRASIL. Ministério da Educação. Conselho Nacional de Educação. Câmara de Educação Básica. Resolução n. 2, de 19 de maio de 2010. **Diário Oficial da União**, Brasília, DF, 20 maio 2010. Disponível em: <http://portal.mec.gov.br/index.php?option=com_docman&view=download&alias=5142-rceb002-10&category_slug=maio-2010-pdf&Itemid=30192>. Acesso em: 27 mar. 2023.
>
> Para os interessados, indicamos a leitura dessa resolução que trata da oferta de EJA para aqueles em situação de privação de liberdade nos estabelecimentos penais.

Entendemos que as diretrizes curriculares de 2000, as operacionais de 2010 e as direcionadas à oferta da EJA nos estabelecimentos penais representam avanços para a modalidade EJA no Brasil, especialmente pela conjuntura política de diálogos estabelecidos com a sociedade civil, as entidades educacionais, o governo federal e alguns governos estaduais e municipais. Entretanto, em 2021, foram aprovadas novas diretrizes operacionais para a EJA no Brasil, assunto que trataremos a seguir.

2.3 A educação de jovens e adultos nas diretrizes operacionais de 2021

Passados 20 anos da aprovação das diretrizes **curriculares** e das diretrizes operacionais da EJA de 2010, foi publicada a Resolução n. 1/2021 instituindo as novas Diretrizes Operacionais para a Educação de Jovens e Adultos, com o intuito de alinhá-la à Política Nacional de Alfabetização (PNA), à Base Nacional Comum Curricular (BNCC) e à EJA a distância.

A fim de incentivar a leitura do documento, reproduzimos alguns de seus artigos:

> Art. 1º Esta Resolução institui Diretrizes Operacionais para a Educação de Jovens e Adultos (EJA) nos aspectos relativos:
>
> I – ao seu alinhamento à Base Nacional Comum Curricular (BNCC);
>
> II – à Política Nacional de Alfabetização (PNA);
>
> III – à duração dos cursos e à idade mínima para ingresso;
>
> IV – à forma de registro de frequência dos cursos, à idade mínima e à certificação para os exames de EJA;
>
> V – à Educação de Jovens e Adultos desenvolvida por meio da Educação a Distância (EaD);
>
> VI – à oferta com ênfase na Educação e Aprendizagem ao Longo da Vida; e
>
> VII – à flexibilização de oferta, de forma que se compatibilize com a realidade dos estudantes, e o alinhamento da elevação de escolaridade com a qualificação profissional, a serem obrigatoriamente observadas pelos sistemas de ensino, na oferta e na estrutura dos cursos e exames de Ensino Fundamental e Ensino Médio, que se desenvolvem em instituições próprias, integrantes dos

Sistemas Públicos de Ensino Federal, Estaduais, Municipais e do Distrito Federal, **como também do Sistema Privado**. (Brasil, 2021a, grifo nosso)

A operacionalização da EJA pode ser a distância, retirando o disposto nas diretrizes de 2010, e pelo sistema privado, algo que não constava no documento de 2010.

A EJA é alinhada à BNCC. Mas o que isso significa? Significa enfatizar os conteúdos de Língua Portuguesa e Matemática? Dar atenção a conteúdos com suas habilidades e competências? Em um país cuja maioria da população analfabeta é composta de pessoas idosas, com mais de 60 anos de idade, quais são as possibilidades de alinhar os conteúdos disciplinares apontados na BNCC com a prática social, a condição de formação do profissional da EJA e as experiências de vida dos estudantes? São interrogações que exigem diálogo e atenção dos profissionais e gestores da educação.

O trabalho com palavras e temas geradores não é considerado nesse alinhamento que se deseja da EJA com a BNCC. A continuidade da escolarização por parte das pessoas jovens e adultas requer planejamento dos conteúdos em estreita relação com as experiências de vida em diferentes lugares, tanto no campo quanto na cidade.

E sobre a EJA a distância, como pensar as realidades brasileiras que enfrentaram dificuldades na pandemia por conta da ausência de sinal de telecomunicação e da dificuldade na utilização das tecnologias de informação e comunicação (TICs) por grande parcela da população brasileira? É permitido que 80% da carga horária da EJA seja a distância, mas quais arranjos podem ser formados para garantir que população de lugares distantes tenham acesso às tecnologias educacionais?

Continuando a leitura das diretrizes operacionais, vejamos mais alguns de seus artigos:

Art. 2º Com o objetivo de possibilitar o acesso, a permanência e a continuidade dos estudos de todas as pessoas que não iniciaram ou interromperam o seu processo educativo escolar, a oferta da modalidade da EJA poderá se dar nas seguintes formas:

I – Educação de Jovens e Adultos presencial;

II – Educação de Jovens e Adultos na modalidade Educação a Distância (EJA/EaD);

III – Educação de Jovens e Adultos articulada à Educação Profissional, em cursos de qualificação profissional ou de Formação Técnica de Nível Médio; e

IV – Educação de Jovens e Adultos com ênfase na Educação e Aprendizagem ao Longo da Vida.

Art. 3º A EJA é organizada em regime semestral ou modular, em segmentos e etapas, com a possibilidade de flexibilização do tempo para cumprimento da carga horária exigida, sendo que para cada segmento, há uma correspondência nas etapas da Educação Básica e carga horária específica:

I – para os anos iniciais do Ensino Fundamental, que tem como objetivo a alfabetização inicial e uma qualificação profissional inicial, a carga horária será definida pelos sistemas de ensino, devendo assegurar pelo menos 150 (cento e cinquenta) horas para contemplar os componentes essenciais da alfabetização e 150 (cento e cinquenta) horas para o ensino de noções básicas de matemática;

II – para os anos finais do Ensino Fundamental, que tem como objetivo o fortalecimento da integração da formação geral com a formação profissional, carga horária total mínima será de 1.600 (mil e seiscentas) horas; e

III – para o Ensino médio, que tem como objetivo uma formação geral básica e profissional mais consolidada, seja com a oferta integrada com uma qualificação profissional ou mesmo com um curso técnico de nível médio, carga horária total mínima será de 1.200 (mil e duzentas) horas.

Art. 4º Os cursos da EJA desenvolvidos por meio da EaD serão ofertados apenas para os Anos Finais do Ensino Fundamental e para o Ensino Médio, com as seguintes características:

I – a duração mínima dos cursos da EJA, desenvolvidos por meio da EaD, será a mesma estabelecida para a EJA presencial;

II – disponibilização de Ambiente Virtual de Aprendizagem (AVA) aos estudantes, e de plataformas garantidoras de acesso além de mídias e/ou materiais didáticos impressos;

III – desenvolvimento de interatividade pedagógica dos docentes licenciados na disciplina ou atividade, garantindo relação adequada de professores por número de estudantes;

IV – disponibilização de infraestrutura tecnológica como polo de apoio pedagógico às atividades dos estudantes, garantindo seu acesso à biblioteca, rádio, televisão e internet aberta às possibilidades da chamada convergência digital; e

V – reconhecimento e aceitação de transferências entre os cursos da EJA presencial e os desenvolvidos em EaD ou mediação tecnológica.

Parágrafo único. Para cursos de EJA do Ensino Médio, a oferta de EaD é limitada a no máximo 80% (oitenta por cento) de sua carga horária total, tanto na formação geral básica quanto nos itinerários formativos do currículo.

[...]

Art. 6º Será estabelecido, pelos sistemas de ensino, processo de avaliação da EJA desenvolvida por meio da EaD, no qual haverá:

I – avaliação da aprendizagem dos estudantes de forma contínua, processual e abrangente;

II – autoavaliação e avaliação em grupos, sempre presenciais;

III – avaliação periódica das instituições escolares como exercício da gestão democrática;

IV – garantia do efetivo controle social de seus desempenhos; e

V – avaliação rigorosa para a oferta de cursos, descredenciando práticas mercantilistas e instituições que não zelem pela qualidade de ensino.

Art. 7º A EJA articulada à Educação Profissional poderá ser ofertada das seguintes formas:

I – **concomitante,** na qual a formação profissional é desenvolvida paralelamente à formação geral (áreas do conhecimento), podendo ocorrer, ou não, na mesma unidade escolar;

II – concomitante na forma, uma vez que é desenvolvida simultaneamente em distintas instituições educacionais, mas integrada no conteúdo, mediante a ação de convênio ou acordo de intercomplementaridade para a execução de **Projeto Político-Pedagógico (PPP) unificado;** e

III – integrada, a qual resulta de um currículo pedagógico que integra os componentes curriculares da formação geral com os da formação profissional em uma proposta pedagógica única, com vistas à formação e à qualificação em diferentes perfis profissionais, atendendo as possibilidades dos sistemas e singularidades dos estudantes.

[...]

Art. 13. Os currículos dos cursos da EJA, independente de segmento e forma de oferta, deverão garantir, na sua parte relativa à formação geral básica, os direitos e objetivos de aprendizagem, expressos em competências e habilidades nos termos da Política Nacional de Alfabetização (PNA) e da BNCC, tendo como ênfase o desenvolvimento dos componentes essenciais para o ensino da leitura e da escrita, assim como das competências gerais e as competências/habilidades relacionadas à Língua Portuguesa, Matemática e Inclusão Digital. (Brasil, 2021a)

Essas diretrizes têm o propósito de firmar o alinhamento com a BNCC, contudo algumas interrogações são necessárias: Na BNCC, há proposição de conteúdos, habilidades e competências para crianças e jovens? Quando se menciona o alinhamento da EJA à BNCC, supõe-se que o trabalho com adultos é semelhante ao trabalho com as crianças no âmbito escolar?

Há décadas, a infantilização da educação de adultos foi constatada e refutada, pois distanciava os adultos dos bancos escolares. Há mais de um século, Paulo Freire propôs o trabalho com palavras e temas geradores para a educação de adultos, articulando a prática pedagógica com a prática social, por intermédio das experiências de vida e de trabalho. Arroyo (2017) denomina as pessoas da EJA de *sujeitos de pedagogias*. Nesse sentido, como realizar um trabalho pautado no reconhecimento dos sujeitos de pedagogias sendo forçado a alinhar a prática pedagógica à BNCC? O que está por vir com as novas diretrizes operacionais aprovadas em 2021?

Esse diálogo é necessário ao processo formativo nas licenciaturas. É fundamental que o profissional da EJA conheça a historicidade dela, as lutas, as práticas pedagógicas e a produção das políticas educacionais.

Os arts. 30 a 33 das diretrizes operacionais de 2021 trazem novidades a serem problematizadas, a exemplo da inserção da EJA no Sistema

Nacional de Avaliação da Educação Básica (Sinaeb) e o destaque dado às instituições privadas de ensino em sua oferta:

> Art. 30. O **poder público deve inserir a EJA no Sistema Nacional de Avaliação da Educação Básica** e ampliar sua ação para além das avaliações que visam identificar desempenhos cognitivos e fluxos escolar, incluindo, também, a avaliação de outros indicadores institucionais das redes públicas e privadas que possibilitem a universalização e a qualidade do processo educativo, tais como **parâmetros de infraestrutura, gestão, formação e valorização dos profissionais de educação, financiamento, jornada escolar e organização pedagógica.**
>
> § 1º Os sistemas de ensino, através de seus órgãos executivos e normativos, deverão promover ações articuladas de apoio à implementação e regulamentação dos programas da EJA, visando à garantia de qualidade na oferta, nos materiais e nas propostas docentes, nas metodologias e nos espaços de escolaridade de acordo com o público atendido.
>
> § 2º A EJA, em todas as formas de oferta, representa melhoria de trabalho e vida, possibilidades de empregabilidade aos jovens e adultos que estão fora do mercado de trabalho.
>
> Art. 31. O Sistema Nacional Público de Formação de Professores deverá estabelecer políticas e ações específicas **para a formação inicial e continuada de** professores de Educação Básica de jovens e adultos, bem como para professores do ensino regular que atuam com adolescentes, cujas idades, extrapolam a relação idade-série, desenvolvidas em estreita relação com as Universidades Públicas e com os sistemas de ensino.
>
> Art. 32. O aproveitamento de estudos e conhecimentos adquiridos antes do ingresso nos cursos da EJA, bem como os critérios para verificação de rendimento escolar, devem ser garantidos aos jovens e adultos, tal como prevê a LDB em seu art. 24, transformados em horas-atividades ou unidades pedagógicas a serem incorporadas ao currículo escolar do(a) estudante, o que deve ser comunicado ao respectivo sistema de ensino.
>
> Art. 33. As instituições escolares do ensino privado poderão ser importantes ofertantes da EJA em todo o país, no exercício de autonomia de seu PPP, como modalidade que promove o resgate do tempo e das oportunidades educacionais não assegurados na idade certa. (Brasil, 2021a, grifo nosso)

Como colocar a EJA no Sistema Nacional de Avaliação? Como avaliar projetos e programas de EJA, muitas vezes oriundos de convênios entre sociedade civil e governos, com os mesmos parâmetros de avaliação de crianças e jovens da educação fundamental e do ensino médio? Os resultados da avaliação serão utilizados para aprimoramento da EJA ou poderão ser mecanismos de inferiorização dessa modalidade educacional?

Em síntese, a EJA é uma modalidade educacional necessária à sociedade brasileira, que mantém índices de analfabetismo entre jovens e adultos. Como vimos no primeiro capítulo, o analfabetismo está mais presente na população que tem acima de 60 anos. No entanto, o nível de instrução da população brasileira reforça a necessidade da EJA, especialmente entre jovens que não concluíram a educação fundamental e o ensino médio. Além disso, outro dado agravante é a condição de **alfabetismo funcional** no país, algo que pode ser verificado, como já indicado, consultando o Indicador de Alfabetismo Funcional (Inaf).

Indicações culturais

BRASIL. Ministério da Educação. Conselho Nacional de Educação. Câmara de Educação Básica. Parecer n. 1, de 18 de março de 2021. **Diário Oficial da União**, Brasília, DF, 26 maio 2021. Disponível em: <http://portal.mec.gov.br/index.php?option=com_docman&view=download&alias=180911-pceb001-21&category_slug=abril-2021-pdf&Itemid=30192>. Acesso em: 27 mar. 2023.

Sugerimos a leitura desse parecer que orientou a criação das diretrizes operacionais da EJA de 2021.

BRASIL. Ministério da Educação. Conselho Nacional de Educação. Câmara de Educação Básica. Resolução n. 1, de 25 de maio de 2021. **Diário Oficial da União**, Brasília, DF, 25 maio 2021. Disponível em: <https://www.gov.br/mec/pt-br/media/acesso_informacacao/pdf/DiretrizesEJA.pdf>. Acesso em: 27 mar. 2023.

Trata-se de um documento muito importante e que requer leitura atenta.

Nas seções a seguir, analisaremos a EJA no PNE de 2001 e no atual (em vigência de 2014 a 2024).

2.4 A educação de jovens e adultos no Plano Nacional de Educação de 2001

O PNE, aprovado pela Lei n. 10.172, de 9 de janeiro de 2001 (Brasil, 2001a), é uma exigência da Constituição de 1988, que assim declara:

> Art. 214 A lei estabelecerá o plano nacional de educação, de duração decenal, com o objetivo de articular o sistema nacional de educação em regime de colaboração e definir diretrizes, objetivos, metas e estratégias de implementação para assegurar a manutenção e desenvolvimento do ensino em seus diversos níveis, etapas e modalidades por meio de ações integradas dos poderes públicos das diferentes esferas federativas que conduzam a:
>
> I – erradicação do analfabetismo;
>
> II – universalização do atendimento escolar;
>
> III – melhoria da qualidade do ensino;
>
> IV – formação para o trabalho;
>
> V – promoção humanística, científica e tecnológica do País;
>
> VII – estabelecimento de meta de aplicação de recursos públicos em educação como proporção do produto interno bruto. (Brasil, 1988)

Essa exigência é reafirmada na LDBEN, em seu art. 87:

> § 1º A União, no prazo de um ano a partir da publicação desta Lei, encaminhará ao Congresso Nacional o Plano Nacional de Educação, com diretrizes e metas para os dez anos seguintes, em sintonia com a Declaração Mundial sobre Educação para Todos. (Brasil, 1996b)

No PNE, está expresso que não basta ensinar a ler e escrever, é preciso garantir a oferta, no mínimo, das oito séries do ensino fundamental, bem como diversificar os programas de EJA em função da clientela numerosa e heterogênea. É necessário também um corpo docente especializado, com materiais didáticos e técnicas pedagógicas apropriadas. Deve-se integrar os programas de EJA com a educação profissional no intuito de aumentar sua eficácia.

É importante o apoio dos empregadores na formação permanente. A garantia e a programação dos recursos do Poder Público devem ser somadas ao apoio da sociedade para que a EJA seja bem-sucedida.

Indicação cultural

BRASIL. Ministério da Educação. **Plano Nacional de Educação.** Disponível em: <http://portal.mec.gov.br/arquivos/pdf/pne.pdf>. Acesso em: 27 mar. 2023.

Confira o texto do PNE de 2001.

Vamos, agora, verificar o que diz o PNE sobre as metas para a EJA. Perceba que algumas partes do texto estão grifadas para que você fique atento a aspectos centrais, como a preocupação com a **erradicação** do analfabetismo e com a continuidade da escolarização, a realização de parcerias entre Poder Público, empresas e entidades da sociedade civil, o levantamento de dados sobre o analfabetismo no país e sobre o andamento dos programas de EJA (avaliação), a preocupação com a formação dos profissionais para atuar nesse segmento, a oferta de educação nas instituições prisionais e na modalidade a distância.

Algumas das metas expressas no PNE são:

1. Estabelecer, a partir da aprovação do PNE, **programas visando alfabetizar 10 milhões de jovens e adultos, em cinco anos e, até o final da década, erradicar o analfabetismo.**

2. Assegurar, **em cinco anos, a oferta de educação de jovens e adultos equivalente às quatro séries iniciais** do ensino fundamental para 50% da população de 15 anos e mais que não tenha atingido este nível de escolaridade.

3. Assegurar, até o final da década, **a oferta de cursos equivalentes às quatro séries finais do ensino fundamental** para toda a população de 15 anos e mais que concluiu as quatro séries iniciais.

4. Estabelecer programa nacional, para assegurar que as escolas públicas de ensino fundamental e médio localizadas em áreas caracterizadas por analfabetismo e baixa escolaridade **ofereçam programas de alfabetização e de en-**

sino e exames para jovens e adultos, de acordo com as diretrizes curriculares nacionais. (Brasil, 2001a, anexo, grifo nosso)

A oferta é um dos requisitos centrais à democratização da educação no país, mas outro elemento essencial é a continuidade da escolaridade. Pelos dados estudados no primeiro capítulo, verificamos que a grande lacuna na educação escolar brasileira está na repetência e na desistência escolar, que têm gerado um contingente de pessoas que não concluem os ensinos fundamental e médio.

Como afirmam Haddad e Di Pierro (2000, p. 31), "O analfabetismo no Brasil não é, pois, apenas um problema residual herdado do passado [...], e sim uma questão complexa do presente, que exige políticas públicas consistentes, duradouras e articuladas a outras estratégias de desenvolvimento econômico, social e cultural".

Os autores ainda descrevem alguns fatores que estão ligados ao que denominam *produção social do analfabetismo*, a saber: (1) o acesso e a permanência na escola durante a infância e a adolescência; (2) o alto índice de reprovação, evasão e reingresso no sistema escolar; e (3) a renda familiar, que "é a característica que apresenta relação mais intensa com a discriminação no acesso à alfabetização no Brasil" (Haddad; Di Pierro, 2000, p. 32).

2.4.1 Fatores que determinam o analfabetismo

Dando continuidade ao estudo das metas do PNE para a EJA, verificamos a presença da meta relacionada ao material didático-pedagógico, cuja preocupação é que seja adequado aos educandos dessa modalidade.

Há inúmeros materiais didático-pedagógicos utilizados na EJA. Existem alguns produzidos pelas instâncias governamentais, a exemplo do material do Projovem Urbano, e outros produzidos por organizações não governamentais (ONGs), a exemplo dos utilizados pela Ação Educativa. Existem, ainda, materiais produzidos por movimentos sociais, a exemplo do que faz o setor de educação no contexto do Movimento dos Trabalhadores Rurais Sem Terra (MST).

> 5. Estabelecer programa nacional de fornecimento, pelo Ministério da Educação, de **material didático-pedagógico, adequado à clientela**, para os cursos em nível de ensino fundamental para jovens e adultos, de forma a incentivar a generalização das iniciativas mencionadas na meta anterior.
>
> 6. Realizar, anualmente, **levantamento e avaliação de experiências em alfabetização de jovens e adultos**, que constituam referência para os agentes integrados ao esforço nacional de erradicação do analfabetismo.
>
> 7. Assegurar que os sistemas estaduais de ensino, em regime de colaboração com os demais entes federativos, mantenham **programas de formação de educadores de jovens e adultos**, capacitados para atuar de acordo com o perfil da clientela e habilitados para, no mínimo, o exercício do magistério nas séries iniciais do ensino fundamental, de forma a atender à demanda de órgãos públicos e privados envolvidos no esforço de erradicação do analfabetismo. (Brasil, 2001a, anexo, grifo nosso)

É importante observar que o PNE incorpora em suas metas a experiência do tipo parceria como algo que requer uma política. É sabido que, no Brasil, a maioria das experiências de EJA se efetiva por meio de parcerias entre as instâncias governamentais e a sociedade civil organizada. É preciso que se analise a efetividade dessas parcerias na oferta da educação e em sua qualidade nas regiões brasileiras.

> 8. Estabelecer **políticas que facilitem parcerias** para o aproveitamento dos espaços ociosos existentes na comunidade, bem como o efetivo aproveitamento do potencial de trabalho comunitário das entidades da sociedade civil, para a educação de jovens e adultos.
>
> 9. Instar Estados e Municípios a procederem um mapeamento, por meio de censo educacional, nos termos do art. 5º, §1º da LDB, da população **analfabeta**, por bairro ou distrito das residências e/ou locais de trabalho, visando localizar e induzir a demanda e programar a oferta de educação de jovens e adultos para essa população.
>
> 10. Reestruturar, criar e fortalecer, nas secretarias estaduais e municipais de educação, **setores próprios incumbidos de promover a** educação de jovens e adultos.

11. Estimular a concessão de **créditos curriculares aos estudantes de educação** superior e de cursos de formação de professores em nível médio que participarem de programas de educação de jovens e adultos.

12. Elaborar, no prazo de um ano, **parâmetros nacionais de qualidade para** as diversas etapas da educação de jovens e adultos, respeitando-se **as especificidades da clientela e a** diversidade regional.

13. Aperfeiçoar o sistema de certificação de competências para prosseguimento de estudos.

14. Expandir a **oferta de programas de educação a distância na modalidade de educação de jovens e adultos**, incentivando seu aproveitamento nos cursos presenciais.

15. Sempre que possível, associar ao ensino fundamental para jovens e adultos a **oferta de cursos básicos de formação profissional**.

16. **Dobrar em cinco anos e quadruplicar em dez anos a capacidade de atendimento** nos cursos de nível médio para jovens e adultos. (Brasil, 2001a, anexo, grifo nosso)

O analfabetismo e a baixa escolaridade marcam a realidade das pessoas que se encontram nos presídios brasileiros. É um aspecto que tem conquistado debate na academia e a intensificação de experiências educativas nos presídios, por meio das parcerias entre o próprio Poder Público. Reside aí uma das temáticas da EJA e problemáticas da sociedade brasileira que carecem de investigações educacionais e jurídicas.

17. Implantar, em todas as **unidades prisionais e nos estabelecimentos que atendam adolescentes e jovens infratores, programas de educação de jovens e adultos** de nível fundamental e médio, assim como de formação profissional, contemplando para esta clientela as metas nº 5 e nº 14. (Brasil, 2001a, anexo, grifo nosso)

A meta descrita a seguir tem a finalidade de motivar a articulação da EJA com o ambiente universitário. É possível afirmar que, desde a década de 1990, são inúmeros os projetos de extensão universitária que integram pessoas jovens e adultas. Essas experiências acontecem especialmente nas instituições de ensino públicas gratuitas, mas também em instituições privadas, que ofertam a EJA aos próprios funcionários e às comunidades carentes.

18. Incentivar as **instituições de educação superior a oferecerem cursos de extensão** para prover as necessidades de educação continuada de adultos, tenham ou não formação de nível superior.

19. Estimular as universidades e organizações não governamentais a oferecer cursos dirigidos à terceira idade.

20. Realizar em todos os sistemas de ensino, a cada dois anos, **avaliação e divulgação dos resultados dos programas de educação de jovens e adultos**, como instrumento para assegurar o cumprimento das metas do Plano.

21. Realizar estudos específicos com base nos dados do censo demográfico da PNAD, de censos específicos (agrícola, penitenciário etc.) para verificar o grau de escolarização da população.

22. Articular as políticas de educação de jovens e adultos com as de proteção contra o desemprego e de geração de empregos.

23. Nas **empresas públicas e privadas incentivar a criação de programas permanentes de educação de jovens e adultos** para os seus trabalhadores, assim como de condições para a recepção de programas de teleducação.

24. Articular as políticas de educação de jovens e adultos com as culturais, de sorte que sua clientela seja beneficiária de ações que permitam ampliar seus horizontes culturais.

25. Observar, no que diz respeito à educação de jovens e adultos, as metas estabelecidas para o ensino fundamental, formação dos professores, educação a distância, financiamento e gestão, educação tecnológica, formação profissional e educação indígena.

26. Incluir, a partir da aprovação do Plano Nacional de Educação, a Educação de Jovens e Adultos nas formas de financiamento da Educação Básica. (Brasil, 2001a, anexo, grifo nosso)

Essas 26 metas registradas pelo PNE constituem desafios históricos da EJA no Brasil e integram as pautas dos movimentos e fóruns nacionais do segmento. Na Carta de Natal (2022), construída durante a Conferência Nacional Popular de Educação, uma das proposições diz respeito à:

retomada, continuidade, ampliação e fortalecimento de todas as ações, programas e políticas e inclusão, anteriores ao Golpe de 2016, que digam respeito às especificidades da educação do e no campo, educação quilombola, educação especial em uma perspectiva inclusiva, educação escolar indígena, educação de pessoas em situação de itinerância, educação de jovens, adultos e idosos [...].

No PNE, são consideradas questões apontadas em relatórios-sínteses dos Encontros Nacionais de Educação de Jovens e Adultos (Enejas). É possível, por exemplo, citar o Relatório-Síntese do VII Eneja, que alerta para o fato de que: "As iniciativas públicas de estados e municípios ainda são muito tímidas diante da demanda potencial. [...] Os recursos ainda insuficientes, fragmentados e pulverizados, são os principais limitadores da oferta pública" (Portal Fórum EJA, 2005). Esse relatório também destaca que

> A valorização dos profissionais da EJA impõe-se, tanto como consequência dessa implementação, quanto pela contribuição para o atendimento de qualidade. A discussão da EJA na formulação dos planos municipais de educação e nos estaduais segue ocorrendo, porque a maioria dos municípios e estados deve um planejamento de médio prazo à sociedade. (Portal Fórum EJA, 2005)

Para pensar o movimento, a legislação e a prática educativa cotidiana, vamos destacar o que os delegados alunos presentes no VII Eneja propuseram para a EJA:

- Oferta de classes de EJA em qualquer turno: matutino, vespertino, noturno, em função das necessidades/demandas do público;
- Mais segurança nas escolas à noite e iluminação no percurso de ida e volta da escola;
- Transporte gratuito para os alunos da EJA;
- Merenda escolar, tanto no diurno quanto no noturno, que atenda aos requisitos de segurança alimentar e nutricional adequada às necessidades dos alunos da EJA. A merenda favorece o aprendizado;
- Garantia de livros didáticos para a EJA com linguagem adequada às particularidades de cada região;

- Vincular o recebimento de benefícios sociais para adultos que ingressem nos sistemas de ensino de EJA;

- Professores mais bem preparados para o ensino da EJA;

- Carga horária de, pelo menos, 36 horas para os professores de EJA, em todos os níveis de ensino;

- Equipe de multiprofissionais para atender a alunos portadores de necessidades educativas especiais e de altas habilidades;

- Montagem de salas de informática com Internet (telecentros) para alunos de EJA, com acompanhamento de monitores, como parte da formação nas linguagens tecnológicas multimídia para alunos da EJA, como acompanhamento de monitores, com vistas à ocupação posterior em postos de trabalho;

- Feiras culturais nas escolas, para que ocorra integração entre os alunos e os conhecimentos profissionais;

- Reforço e apoio à organização dos educandos em grêmios estudantis e em outras representações;

- Criação de condições para o acesso das educandas-mães à EJA, apoiando-as quando com necessidades de cuidados com seus filhos nos horários de aulas;

- Regulamentação da LDBEN nº 9.394/1996 por parte dos poderes legítimos, de modo que as secretarias de educação respeitem os aspectos referentes à entrada e saída de alunos a qualquer tempo, do espírito da EJA, em lugar da frequência obrigatória, que funciona como forte dispositivo de reprovação dos alunos;

- Revisão, por parte das secretarias de educação/programas, dos procedimentos que fecham turmas em função da pequena quantidade de alunos na sala;

- Oferta de ensino médio na modalidade EJA para os estados que ainda não a possuem;

- Incentivo à continuidade dos estudos, favorecendo a chegada ao nível superior;

- Estruturação de núcleos de acompanhamento psicopedagógico e de assistência social, ou parceria de secretarias de educação e de assistência social, para atendimento aos alunos da EJA;

- Melhoria dos salários dos professores para maior incentivo ao ensino;
- Garantia de presença, como delegado, de pelo menos um aluno em cada Fórum estadual e regional, com direito à fala nas mesas de abertura dos Enejas de um representante de cada segmento;
- Maior divulgação e participação dos alunos nas atividades dos Fóruns estaduais e regionais e nos Enejas, com apoio financeiro para deslocamento terrestre e/ou aéreo. (Portal Fórum EJA, 2005)

Essas proposições fornecem uma noção da situação da EJA no país. São aspectos referentes a questões de infraestrutura, à formação de profissionais, ao financiamento da EJA, à ampliação da oferta dessa modalidade de educação, à ampliação das parcerias, à garantia de participação nos fóruns de EJA etc.

2.5 A educação de jovens e adultos no Plano Nacional de Educação de 2014 a 2024

O PNE de 2001 teve sua vigência por 10 anos, sendo seguido por um novo PNE, aprovado pela Lei n. 13.005, de 25 de junho de 2014 (Brasil, 2014a). Desse modo, no período de 2011 a 2013, foram intensos os diálogos sobre qual seria o conteúdo do PNE para o período de 2014 a 2024.

Nesta seção, verificaremos quais são as metas para a EJA nesse último PNE, que apresenta dez diretrizes, sendo a primeira delas a "erradicação do analfabetismo" (Brasil, 2014a, art. 2º, I).

Sobre o acompanhamento das metas e estratégias, o documento dispõe que:

> Art. 6º A União promoverá a realização de pelo menos **2 (duas) conferências nacionais de educação até o final do decênio**, precedidas de conferências distritais, municipais e estaduais, articuladas e coordenadas pelo Fórum Nacional de Educação, instituído nesta Lei, no âmbito do Ministério da Educação.
>
> § 1º O **Fórum Nacional de Educação**, além da atribuição referida no caput:
>
> I – acompanhará a execução do PNE e o cumprimento de suas metas;

II – promoverá a articulação das conferências nacionais de educação com as conferências regionais, estaduais e municipais que as precederem. (Brasil, 2014a, grifo nosso)

Essas metas e respectivas estratégias são 20, mas aqui daremos atenção às metas 8, 9 e 10, que guardam relação com a EJA.

Meta 8: **elevar a escolaridade média da população de 18 (dezoito) a 29 (vinte e nove) anos, de modo a alcançar, no mínimo, 12 (doze) anos de estudo no último ano de vigência deste Plano**, para as populações do campo, da região de menor escolaridade no País e dos 25% (vinte e cinco por cento) mais pobres, e igualar a escolaridade média entre negros e não negros declarados à Fundação Instituto Brasileiro de Geografia e Estatística – IBGE.

Estratégias:

8.1) institucionalizar programas e desenvolver tecnologias para correção de fluxo, para acompanhamento pedagógico individualizado e para recuperação e progressão parcial, bem como priorizar estudantes com rendimento escolar defasado, considerando as especificidades dos segmentos populacionais considerados;

8.2) implementar programas de educação de jovens e adultos para os segmentos populacionais considerados, que estejam fora da escola e com defasagem idade-série, associados a outras estratégias que garantam a continuidade da escolarização, após a alfabetização inicial;

8.3) garantir acesso gratuito a exames de certificação da conclusão dos ensinos fundamental e médio;

8.4) expandir a oferta gratuita de educação profissional técnica por parte das entidades privadas de serviço social e de formação profissional vinculadas ao sistema sindical, de forma concomitante ao ensino ofertado na rede escolar pública, para os segmentos populacionais considerados;

8.5) promover, em parceria com as áreas de saúde e assistência social, o acompanhamento e o monitoramento do acesso à escola específicos para os segmentos populacionais considerados, identificar motivos de absenteísmo e colaborar com os Estados, o Distrito Federal e os Municípios para a garantia de frequência e apoio à aprendizagem, de maneira a estimular a ampliação do atendimento desses (as) estudantes na rede pública regular de ensino;

8.6) promover busca ativa de jovens fora da escola pertencentes aos segmentos populacionais considerados, em parceria com as áreas de assistência social, saúde e proteção à juventude. (Brasil, 2014a, anexo, grifo nosso)

No Capítulo 1, verificamos que a média de anos de escolaridade da população brasileira estava em 9,4 no ano de 2019, com disparidades regionais. Além disso, a porcentagem de analfabetos estava na casa dos 6,6% no país. Nesse sentido, há grandes desafios a serem enfrentados até o final da vigência desse novo PNE.

> Meta 9: **elevar a taxa de alfabetização da população com 15 (quinze) anos ou mais para 93,5%** (noventa e três inteiros e cinco décimos por cento) **até 2015 e, até o final da vigência deste PNE, erradicar o analfabetismo absoluto e reduzir em 50% (cinquenta por cento) a taxa de analfabetismo funcional.**

Estratégias:

9.1) assegurar a oferta gratuita da educação de jovens e adultos a todos os que não tiveram acesso à educação básica na idade própria;

9.2) realizar diagnóstico dos jovens e adultos com ensino fundamental e médio incompletos, **para identificar a demanda ativa por vagas na educação de jovens e adultos;**

9.3) implementar ações de alfabetização de jovens e adultos com garantia de continuidade da escolarização básica;

9.4) criar benefício adicional no programa nacional de transferência de renda para jovens e adultos que frequentarem cursos de alfabetização;

9.5) realizar chamadas públicas regulares para educação de jovens e adultos, promovendo-se busca ativa em regime de colaboração entre entes federados e em parceria com organizações da sociedade civil;

9.6) **realizar avaliação, por meio de exames específicos, que permita aferir o** grau de alfabetização de jovens e adultos com mais de 15 (quinze) anos de idade;

9.7) executar ações de atendimento ao (à) estudante da educação de jovens e adultos por meio de programas suplementares de transporte, alimentação e saúde, inclusive atendimento oftalmológico e fornecimento gratuito de óculos, em articulação com a área da saúde;

9.8) assegurar a oferta de educação de jovens e adultos, nas etapas de ensino fundamental e médio, às pessoas privadas de liberdade em todos os estabelecimentos penais, assegurando-se formação específica dos professores e das professoras e implementação de diretrizes nacionais em regime de colaboração;

9.9) apoiar técnica e financeiramente projetos inovadores na educação de jovens e adultos que visem ao desenvolvimento de modelos adequados às necessidades específicas desses (as) alunos (as);

9.10) estabelecer mecanismos e incentivos que integrem os segmentos empregadores, públicos e privados, e os sistemas de ensino, para promover a compatibilização da jornada de trabalho dos empregados e das empregadas com a oferta das ações de alfabetização e de educação de jovens e adultos;

9.11) implementar programas de capacitação tecnológica da população jovem e adulta, direcionados para os segmentos com baixos níveis de escolarização formal e para os (as) alunos (as) com deficiência, articulando os sistemas de ensino, a Rede Federal de Educação Profissional, Científica e Tecnológica, as universidades, as cooperativas e as associações, por meio de ações de extensão desenvolvidas em centros vocacionais tecnológicos, com tecnologias assistivas que favoreçam a efetiva inclusão social e produtiva dessa população;

9.12) considerar, nas políticas públicas de jovens e adultos, as necessidades dos idosos, com vistas à promoção de políticas de erradicação do analfabetismo, ao acesso a tecnologias educacionais e atividades recreativas, culturais e esportivas, à implementação de programas de valorização e compartilhamento dos conhecimentos e experiência dos idosos e à inclusão dos temas do envelhecimento e da velhice nas escolas. (Brasil, 2014a, anexo, grifo nosso)

A meta de ampliação da taxa de alfabetização tem sido atingida, embora com discrepâncias regionais e quanto às faixas etárias. Sobre a superação do analfabetismo funcional, os desafios continuam, conforme indicadores de alfabetismo funcional. Fato é que o Inaf ampliou os níveis de alfabetismo funcional de 4 para 5, como descrito no primeiro capítulo desta obra.

Meta 10: oferecer, no mínimo, 25% (vinte e cinco por cento) das matrículas de educação de jovens e adultos, nos ensinos fundamental e médio, na forma integrada à educação profissional.

Estratégias:

10.1) manter programa nacional de educação de jovens e adultos voltado à conclusão do ensino fundamental e à formação profissional inicial, de forma a estimular a conclusão da educação básica;

10.2) expandir as matrículas na educação de jovens e adultos, de modo a articular a formação inicial e continuada de trabalhadores com a educação profissional, objetivando a elevação do nível de escolaridade do trabalhador e da trabalhadora;

10.3) fomentar a integração da educação de jovens e adultos com a educação profissional, em cursos planejados, de acordo com as características do público da educação de jovens e adultos e considerando as especificidades das populações itinerantes e do campo e das comunidades indígenas e quilombolas, inclusive na modalidade de educação a distância;

10.4) ampliar as oportunidades profissionais dos jovens e adultos com deficiência e baixo nível de escolaridade, por meio do acesso à educação de jovens e adultos articulada à educação profissional;

10.5) implantar programa nacional de reestruturação e aquisição de equipamentos voltados à expansão e à melhoria da rede física de escolas públicas que atuam na educação de jovens e adultos integrada à educação profissional, garantindo acessibilidade à pessoa com deficiência;

10.6) estimular a diversificação curricular da educação de jovens e adultos, articulando a formação básica e a preparação para o mundo do trabalho e estabelecendo inter-relações entre teoria e prática, nos eixos da ciência, do trabalho, da tecnologia e da cultura e cidadania, de forma a organizar o tempo e o espaço pedagógicos adequados às características desses alunos e alunas;

10.7) fomentar a produção de material didático, o desenvolvimento de currículos e metodologias específicas, os instrumentos de avaliação, o acesso a equipamentos e laboratórios e a formação continuada de docentes das redes públicas que atuam na educação de jovens e adultos articulada à educação profissional;

10.8) fomentar a oferta pública de formação inicial e continuada para trabalhadores e trabalhadoras articulada à educação de jovens e adultos, em regime de colaboração e com apoio de entidades privadas de formação profissional vinculadas ao sistema sindical e de entidades sem fins lucrativos de atendimento à pessoa com deficiência, com atuação exclusiva na modalidade;

10.9) institucionalizar programa nacional de assistência ao estudante, compreendendo ações de assistência social, financeira e de apoio psicopedagógico que contribuam para garantir o acesso, a permanência, a aprendizagem e a conclusão com êxito da educação de jovens e adultos articulada à educação profissional;

10.10) orientar a expansão da oferta de educação de jovens e adultos articulada à educação profissional, de modo a atender às pessoas privadas de liberdade nos estabelecimentos penais, assegurando-se formação específica dos professores e das professoras e implementação de diretrizes nacionais em regime de colaboração;

10.11) implementar mecanismos de reconhecimento de saberes dos jovens e adultos trabalhadores, a serem considerados na articulação curricular dos cursos de formação inicial e continuada e dos cursos técnicos de nível médio.

(Brasil, 2014a, anexo, grifo nosso)

A meta 10 enfatiza a relação entre trabalho e educação. O desafio relaciona-se às práticas pedagógicas, aos materiais didáticos e à formação de profissionais da EJA, em especial a formação continuada.

Entendemos que as metas e suas estratégias podem fortalecer a EJA no Brasil, desde que as políticas sejam construídas de maneira dialogada entre governos e sociedade civil (movimentos e organizações sociais, sindicatos, demais coletivos da sociedade e universidades). Além disso, a produção de materiais didáticos pode ser ampliada para a produção coletiva oriunda de movimentos e organizações sociais, bem como de grupos de pesquisas que se dedicam à EJA nas universidades públicas.

Em síntese, os planos decenais de educação são importantes instrumentos para a efetivação do direito à educação e para a elaboração de políticas públicas direcionadas à superação das desigualdades educacionais.

Adiante, vamos analisar alguns aspectos do fortalecimento da EJA no Brasil. Atenção à força que vem da sociedade civil, em particular de fóruns e encontros nacionais de EJA.

2.6 A educação de jovens e adultos na Base Nacional Comum Curricular e a Política Nacional de Alfabetização

A Portaria n. 1.570, de 20 de dezembro de 2017 (Brasil, 2017c), dispõe que:

> Art. 1º Fica homologado o Parecer CNE/CP nº 15/2017, do Conselho Pleno do Conselho Nacional de Educação, aprovado na Sessão Pública de 15 de dezembro de 2017, que, junto ao Projeto de Resolução a ele anexo, instituem e orientam a implantação da Base Nacional Comum Curricular – **BNCC, explicitando os direitos e objetivos de aprendizagem e desenvolvimento**, a ser observada obrigatoriamente ao longo das **etapas e respectivas modalidades no âmbito da Educação Básica**. (Brasil, 2017c, grifo nosso)

Conforme explícito na página do Ministério da Educação (MEC),

> a Base deve nortear os currículos dos sistemas e redes de ensino das Unidades Federativas, como também as propostas pedagógicas de todas as escolas públicas e privadas de **Educação Infantil, Ensino Fundamental e Ensino Médio**, em todo o Brasil.
>
> A **Base estabelece conhecimentos, competências e habilidades que se espera que todos os estudantes desenvolvam ao longo da escolaridade básica**. Orientada pelos princípios éticos, políticos e estéticos traçados pelas Diretrizes Curriculares Nacionais da Educação Básica, a Base soma-se aos propósitos que direcionam a educação brasileira para a formação humana integral e para a construção de uma sociedade justa, democrática e inclusiva. (Brasil, 2023a)

Navegando pelo texto da BNCC, é possível verificar que as competências e habilidades são pensadas para a formação escolar da infância à juventude (educação infantil, ensino fundamental e ensino médio), sem menção às modalidades de ensino presentes na LDBEN.

O desenvolvimento do adulto é diferente do da criança e do adolescente, fato já amplamente debatido na educação, com críticas à infantilização da EJA.

Os estudantes da EJA são trabalhadores ou estão em busca de empregos. Muitos povos do campo, das águas e das florestas, por exemplo, por diversos motivos, que vão da ausência de escolas aos processos de migração, não concluíram os estudos no tempo regular. Há uma demanda pela oferta da EJA entre esses povos. Além disso, existem localidades em que a demanda pela EJA precisa ser motivada pelo Poder Público juntamente com organizações e movimentos sociais.

A BNCC não indica conteúdos para o segmento jovem, adulto e idoso no país. Como pensar a vinculação da EJA à BNCC, então? Adaptando conteúdos e atividades? Essa adaptação de conteúdos da infância e da adolescência à população adulta é criticada entre pesquisadores da EJA. Paulo Freire participou de coletivos de alfabetização de pessoas adultas da cidade, do campo, de povos pescadores, entre outros, e realizou experiências com alfabetização mediante o trabalho com palavras e temas geradores. Entretanto, a BNCC nada menciona da EJA no Brasil nem considera experiências bem-sucedidas no país para fundamentar conteúdos, competências e habilidades.

Portanto, uma necessidade dos profissionais da EJA, bem como dos processos de formação inicial e continuada de professores, é dar atenção à EJA, pensar e propor organização pedagógica que fortaleça a formação, o retorno à escola, a elaboração de materiais didático-pedagógicos que considerem a diversidade, o trabalho, as desigualdades, as lutas etc.

Arroyo (2017) menciona os itinerários das pessoas jovens e adultas, marcados por lutas, processos de exclusão e subalternização, considerando-os, como já mencionado, sujeitos de pedagogias. A BNCC não considera os conhecimentos já produzidos em torno da EJA nem seus sujeitos.

Da mesma forma, a BNCC não considera os indígenas, os povos ribeirinhos, os trabalhadores do campo e da cidade, os jovens que cumprem penas, os adolescentes e adultos que desistiram, repetiram ou não tiveram oportunidade de estudos, as pessoas com deficiências e que frequentam ou deixaram de frequentar turmas de EJA, entre outros.

Desse modo, a BNCC padroniza a formação escolar para um sujeito abstrato. Para esse sujeito, há um conjunto de conteúdos dosados segundo competências e habilidades, ignorando os estudos sobre práticas interdisciplinares e projetos escolares articuladores de disciplinas. Conteúdos históricos e geográficos são secundarizados nesse documento.

A educação brasileira teve muitos avanços no final do século XX e início do século XXI, com experiências interdisciplinares, formação de professores por área de conhecimentos, produção de materiais didáticos que atendem demandas vinculadas à diversidade, aprofundamento das relações entre trabalho e educação etc. As práticas pedagógicas, em muitas localidades, vão muito além do que está disposto na BNCC. É preciso reconhecer essas práticas que consideram o protagonismo da sociedade e fortalecê-las.

A PNA, criada por meio do Decreto n. 9.765/2019, tem o propósito de "elevar a qualidade da alfabetização e combater o analfabetismo em todo o território brasileiro" (Brasil, 2019b, p. 7).

O texto da PNA tem como referência a obra de Kruidenier (2010, citado por Brasil, 2019b, p. 35), para quem: "No processo de alfabetização de jovens e adultos devem estar presentes os mesmos componentes já mencionados anteriormente: consciência fonêmica, instrução fônica sistemática, fluência em leitura oral, desenvolvimento de vocabulário, compreensão de textos e produção de escrita". Entretanto,

> a abordagem em sala de aula e o material utilizado precisam ser apropriados, tendo em consideração que jovens e adultos possuem conhecimentos prévios e experiências que uma criança obviamente não possui. É preciso cuidado na escolha dos textos, que devem ser adequados ao nível de leitura, assim como aos interesses, gostos e necessidades dos alfabetizandos; do contrário, podem sentir-se desmotivados. Além disso, há diversas outras peculiaridades na alfabetização de jovens e adultos, como o conhecimento de mundo que trazem consigo, as suas tentativas anteriores de alfabetização e os seus conhecimentos prévios sobre o sistema de escrita. (Brasil, 2019b, p. 35)

Trata-se de um documento a ser analisado nos processos de formação inicial e continuada de professores, sempre com o propósito de fortalecer as práticas que já consideram os itinerários de jovens, adultos e idosos e aprofundar os materiais didáticos produzidos coletivamente para a EJA.

O texto da PNA menciona a população indígena, as pessoas com deficiências, entre outras diversidades que merecem atenção nos processos de EJA. Vale destacar que a formação de professores é um dos pilares da política nacional de alfabetização, assim como os materiais didático-pedagógicos.

> **Indicações culturais**
>
> BRASIL. Ministério da Educação. Secretaria de Educação Básica. Conselho Nacional de Educação. **Base Nacional Comum Curricular:** educação é a base. Brasília, 2018. Disponível em: <http://basenacionalcomum.mec.gov.br/images/BNCC_EI_EF_110518_versaofinal_site.pdf>. Acesso em: 13 abr. 2023.
>
> Consulte o texto da BNCC e verifique quais relações é possível estabelecer com a EJA.
>
> BRASIL. Ministério da Educação. Secretaria de Alfabetização. **PNA:** Política Nacional de Alfabetização. Brasília, 2019. Disponível em: <http://portal.mec.gov.br/images/banners/caderno_pna_final.pdf>. Acesso em: 27 mar. 2023.
>
> Confira o texto da PNA.

Na sequência, discutiremos fatores que indicam o fortalecimento da EJA no Brasil, apesar das dificuldades enfrentadas no âmbito das políticas públicas no período de 2016 a 2022 – conjuntura de fragilização da democracia no país e no espaço escolar.

2.7 O processo de fortalecimento da educação de jovens e adultos no Brasil: lutas, conquistas, recuos e desafios

Por que falarmos em fortalecimento da EJA? Até agora mencionamos a trajetória histórica da exclusão na educação, visível nos índices de analfabetismo, de repetência e de desistência escolar.

Contudo, também verificamos a existência de movimentos incansáveis de luta pela efetivação do direito à educação. E, ao final do século XX, diversos fóruns, encontros e conferências de EJA possibilitaram seu fortalecimento na agenda política. Entretanto, o caminho a ser percorrido ainda é longo. Como afirma Paiva (2009, p. 65):

> O discurso da igualdade de oportunidades, sempre presente, encobre o que uma sociedade de classes, de lugares desiguais, tem como ponto de partida: acesso a oportunidades definido, antecipadamente, a processos seletivos. Os direitos sociais, que constituem poderes, são continuamente objeto de luta e de reafirmação, face a hegemonias e a pensares dominantes que incessantemente aviltam obrigações positivas de que eles carecem.

Para a autora, "Não tem sido automática a assunção do direito à educação com o dever de oferta pelo Estado, e em inúmeros momentos a sociedade civil desempenhou um protagonismo essencial na conquista de direitos" (Paiva, 2009, p. 65).

Na LDBEN de 1971, denominava-se *ensino supletivo* a educação dos adolescentes e adultos, já na LDBEN de 1996, ela passou a se chamar *educação de jovens e adultos*. Conforme Soares (2002, p. 7-8): "Estamos em um período de transição, convivendo com antigas práticas como a do 'ensino supletivo', marcadas pelo aligeiramento do ensino, e uma nova concepção de educação expressa pelo direito e por uma educação de qualidade". Para o autor, é importante registrar que: "A mudança de ensino supletivo para educação de jovens e adultos não é uma mera atualização vocabular [...] Enquanto o termo 'ensino' se restringe à mera instrução, o termo 'educação' é muito amplo, compreendendo os diversos processos de formação" (Soares, 2002, p. 12).

Você lembra que, no primeiro capítulo, tratamos de aspectos da trajetória da educação de adultos no Brasil e salientamos os vários movimentos e campanhas que desenvolveram e fortaleceram práticas educativas? Com isso, pudemos verificar que a sociedade civil organizada tem papel fundamental na valorização da EJA no Brasil. Para Soares (2002, p. 7), "as práticas desenvolvidas nos movimentos sociais, nas organizações não governamentais, nos governos municipais, nas universidades foram ressignificando a educação de jovens e adultos".

Sintetizamos, com base em Soares (2002), alguns dos acontecimentos envolvendo a sociedade civil organizada que constituem sinais da demanda e do fortalecimento da EJA:

- Após um período de repressão nas décadas de 1960, 1970 e meados dos anos 1980, a EJA vive uma fase de efervescência no país.
- Pesquisas demonstram que jovens e adultos vêm reivindicando seus direitos e o cumprimento do dever do Estado.
- Iniciativas municipais, experiências de grupos populares e ONGs vêm conquistando cada vez mais espaço na sociedade brasileira.
- O reconhecimento do Movimento de Educação de Base (MEB) como referência possibilitou que essa instituição representasse as ONGs do Brasil na V Conferência Internacional de Educação de Adultos, realizada em 1997 na Alemanha.
- As universidades, em especial as gratuitas, têm trazido a EJA para seus projetos de extensão e para o âmbito da formação de professores.
- Os governos estaduais têm criado projetos e estabelecido convênios com entidades da sociedade civil na oferta da EJA.
- Vários encontros estaduais de EJA, que se somam aos Enejas (realizados anualmente desde 1999), vêm acontecendo.
- Houve a criação dos Fóruns de EJA (RJ, MG, ES, SP, RS, PR, SC, PB, TO, MT e AL) mediante o debate empreendido na V Conferência Internacional de Educação de Adultos e a realização de encontros anuais de EJA.

É importante lembrarmos que a Conferência Internacional de Educação de Adultos realizada na Alemanha, ao final da década de 1990, constituiu um espaço público de incentivo à organização de fóruns e encontros nacionais e estaduais. No Brasil, desde 1999 foram realizados 17 Enejas[*].

---

[*] Os relatórios que sintetizam os debates podem ser encontrados no *link*: <http://www.forum eja.org.br>.

É do protagonismo da sociedade civil que falamos ao citar os Enejas como integrantes do processo de fortalecimento da EJA no país. Vale lembrar que a Comissão Nacional de Alfabetização e Educação de Jovens e Adultos foi um espaço importante para diálogos entre a sociedade civil e os governos e a construção de políticas da EJA. A inserção da EJA no Programa Nacional do Livro Didático (PNLD) é fruto das decisões coletivas. Cabe salientar que, no período de 2016 a 2022, os espaços coletivos, como comissões nacionais e conselhos, foram extintos, fragilizando a tomada de decisão coletiva na construção de políticas educacionais, inclusive programas como o do livro didático.

2.8 Encontros Nacionais de Educação de Jovens e Adultos

O acompanhamento das discussões empreendidas nos Enejas oferece um retrato da EJA no Brasil, particularmente das principais demandas e desafios. A seguir, listaremos os locais e os temas que marcaram cada um desses encontros no país.

I Eneja

Realizado no Rio de Janeiro, em 1999, teve como lema "Em busca de uma política integrada de EJA: articulando atores e definindo responsabilidades".

Nesse evento, foi possível perceber que a preocupação com a construção de uma política de EJA tem sido constante nos debates dos sujeitos envolvidos nessa modalidade educacional. Mas por que isso ocorre? Acontece que a EJA sempre esteve sustentada em programas, campanhas, projetos e convênios cuja característica central é a temporalidade previamente definida de sua existência. Mesmo que seja possível a prorrogação da duração dos projetos, não há uma política definida de EJA no país. Talvez os sinais de uma política de EJA venham sendo anunciados nas experiências educativas mais recentes, que tendem a defender incisivamente a construção de uma política de EJA, considerando a baixa escolaridade da população brasileira em média de anos de estudos, como descrito no capítulo anterior.

II Eneja

Realizado em João Pessoa, em 2000, teve como eixo de debate o conceito de "Alfabetização e parcerias".

No encontro, verificou-se a preocupação conceitual e, ao mesmo tempo, de concepção de processo pedagógico na EJA. Para Klein (2003, p. 13),

> constatados os limites e dificuldades dos alunos, tende-se, muitas vezes, a promover não a sua superação, mas a subordinação do processo pedagógico às limitações do alunado, reduzindo, por exemplo, o tempo de estudo e o conjunto de conteúdos a serem trabalhados, sob o pretexto de adaptá-los às condições concretas dos alunos.

Portanto, o que está em questão é a concepção de alfabetização e o processo formativo de alunos e professores da EJA no contexto das parcerias. Tais inquietações são discutidas no espaço público dos Enejas, entre outros lugares.

III Eneja

Realizado em São Paulo, em 2001, focalizou o tema "Plano Nacional de Educação: a quem cabe cumprir?".

Como mencionamos anteriormente, o PNE traz inúmeras metas à EJA, mas uma das questões debatidas nesse Eneja foi a competência quanto ao cumprimento de tais metas. Nota-se a participação efetiva da sociedade civil nas questões da EJA e, portanto, do direito à educação. Contudo, é importante não perder de vista que o dever central na oferta e na garantia da educação cabe ao Estado, conforme previsto na Constituição de 1988.

IV Eneja

Realizado em Belo Horizonte, em 2002, sob o tema "Cenários em mudança", com destaque para o debate acerca das Diretrizes Curriculares Nacionais para a EJA e sobre as articulações de fóruns estaduais e regionais, bem como sobre a inserção da EJA nos planos estaduais e nacionais de educação.

Como é de tradição, os Enejas constituem espaço de debate do que se passa na realidade quanto à EJA. Nesse sentido, em uma conjuntura em que se discutia o PNE (2001) e as diretrizes curriculares para a EJA, as reflexões centrais desse encontro focaram os sujeitos envolvidos na EJA e esses documentos; afinal, assim como o PNE, as diretrizes apresentam proposições quanto aos conteúdos, à metodologia, à certificação, à formação de professores etc.

V, VI, VII e VIII Enejas

Realizados, respectivamente, em Cuiabá, em 2003, tendo como lema "Educação de jovens e adultos: comprometimento e continuidade"; em Porto Alegre, em 2004, com o tema "Políticas públicas atuais para a EJA: financiamento, alfabetização e continuidade"; em Luziânia, em 2005, com o tema "Diversidade na EJA: o papel do Estado e dos movimentos sociais nas políticas públicas"; e em Recife, em 2006, com o tema "EJA: uma política de Estado – avaliação e perspectivas".

Os Enejas de 2003 a 2006 focalizaram o Estado como ente central na efetivação do direito à educação. Nesses encontros, percebe-se a preocupação com a construção de uma política de EJA definida como política de Estado, ou seja, não mais como um conjunto de projetos pontuais. Também é defendida a ação contínua e compromissada com os sujeitos que não tiveram acesso aos ensinos fundamental e médio no tempo regular. Ainda, discute-se o financiamento, que é um dos elementos centrais para que a continuidade da escolaridade seja garantida.

IX, X e XI Enejas

Realizados, respectivamente, no Centro de Capacitação de Faxinal do Céu, município de Pinhão (PR), em 2007, com o tema "A atualidade do pensamento de Paulo Freire e as políticas de educação de jovens e adultos no Brasil"; em Rio das Ostras, na região da Baixada Litorânea do Rio de Janeiro, em 2008, sob o tema "História e memória dos Encontros Nacionais dos Fóruns de EJA no Brasil: dez anos de luta pelo direito à educação de qualidade social para todos"; e em Belém, em dezembro de 2009, tendo como tema "Vivendo e aprendendo para um futuro viável: o poder da aprendizagem e da educação de adultos".

Os Enejas de 2007 a 2009 tiveram uma particularidade: deram atenção a educadores que marcaram a história da EJA no Brasil, a exemplo de Paulo Freire. Também foi enfatizada a história dos fóruns e dos encontros de EJA no Brasil, demarcando os 10 anos de luta, bem como suas identidades.

A partir de 2009, os encontros passaram a ser bianuais. No período de 2011 a 2022, foram realizados seis encontros, como descrito a seguir.

XII Eneja

Realizado em Salvador, em outubro de 2011, com o tema "Educação de jovens e adultos pós Confintea VI: avanços, desafios e estratégias de lutas", o encontro deu atenção à conjuntura de elaboração do PNE com o propósito de fortalecer a EJA como direito da população trabalhadora. Dialogou-se sobre a concepção educacional que deve orientar a EJA: a concepção da emancipação política e humana. Também se atentou às particularidades da EJA no Brasil.

XIII Eneja

Realizado em Natal, em 2013, com o tema "Políticas públicas em educação de jovens e adultos: conquistas, comprometimentos e esquecimentos".

Indicação cultural

PORTAL FORUM EJA. **XIII Eneja** – Profª Jaqueline Ventura – Debate. 7 out. 2013. Disponível em: <https://youtu.be/qTd3YAhDuAg>. Acesso em: 13 abr. 2023.

No vídeo indicado, é possível verificar a conferência de abertura do XIII Eneja.

XIV Eneja

Realizado em Goiânia, em novembro de 2015, com o tema "Concepções de educação popular e suas interconexões com a EJA", recuperou a trajetória da EJA, o papel dos movimentos sociais e a importância de Paulo Freire para a EJA, bem como os diálogos de Miguel Arroyo sobre a construção da EJA em diálogo com os movimentos e as organizações sociais.

XV e XVI Enejas

Realizados, respectivamente, em Petrolina, em 2017, sob o tema "21 anos da EJA como modalidade na LDB: e na prática?"; e em Belo Horizonte, em 2019, com o tema "Educação de qualidade social como direito de trabalhadoras e trabalhadores".

Indicação cultural

SILVA, A. da. **Relatório final do XVI Eneja**. Belo Horizonte, abr. 2020. Disponível em: <https://neja.fae.ufmg.br/wp-content/uploads/2020/04/Relat%C3%B3rio-Final-do-XVIEneja-2019.pdf>. Acesso em: 13 abr. 2023.

Nessa indicação, é possível verificar o relatório final do XVI Eneja, no qual houve um debate conjuntural dos ataques à democracia e dos desafios enfrentados pelos trabalhadores, em particular com relação à educação.

XVII Eneja

Realizado em Florianópolis, em agosto de 2022, com o tema "Educação, trabalho e capitalismo: impactos, lutas e resistências na EJA", o encontro enfatizou os sujeitos da EJA e a precarização do trabalho, além de debater os princípios curriculares para a EJA em diálogo com a educação popular.

Em síntese, desejamos instigar os leitores deste livro a consultar os relatórios dos Enejas para identificar as demandas, as críticas e as proposições para as políticas desse segmento de ensino. É um espaço público de análise conjuntural em perspectiva crítica no qual os sujeitos da EJA são os protagonistas.

As temáticas debatidas nos 17 encontros nacionais anunciam os caminhos percorridos pela sociedade civil no fortalecimento da EJA no Brasil. Foram tratadas questões relacionadas ao PNE (2001-2011 e 2014-2024), às Diretrizes Curriculares Nacionais para a EJA, às parcerias em desenvolvimento na sociedade brasileira envolvendo o Poder Público, as entidades da sociedade civil e as empresas, ao conceito de alfabetização, às políticas públicas, ao comprometimento da EJA e à continuidade da escolarização, à diversidade, ao financiamento e aos papéis do Estado e dos movimentos sociais nas políticas públicas. Também se nota uma reflexão mais intensa sobre a luta pela EJA e a identidade dos fóruns de EJA.

A Secadi, criada em 2004, participou de vários Enejas dialogando sobre perspectivas governamentais com relação às demandas da sociedade civil.

É nesse cenário de participação da sociedade civil que a **EJA conquista espaço político e abrangência territorial**; no entanto, ainda existem fragilidades na formação dos profissionais desse segmento e há vulnerabilidade em muitos convênios estabelecidos entre o Poder Público e as entidades da sociedade civil, especialmente quanto ao rompimento de projetos, ao atraso de repasse de verbas etc. – interrupções que geram descontinuidades no processo educativo.

É importante destacar que o conjunto das experiências educativas, atualmente, acontece por meio de parcerias, o que não revela a responsabilidade do Estado com a efetivação do direito social à educação e do direito humano ao acesso ao conhecimento.

Devemos ressaltar que a prática da parceria pode ser analisada desde duas faces:

1. o ideário neoliberal de repasse das atividades sociais à sociedade civil;
2. o avanço das relações democráticas no país, tendo a sociedade civil como integrante de processos de negociação na construção tanto de políticas pontuais quanto de políticas públicas, de fato.

Na gestão do governo federal de 2018 a 2022, a Secadi foi extinta, fragilizando as políticas educacionais construídas com as diversidades no Brasil.

> **Verifique** em seu estado como está configurado o fórum de EJA e identifique as instituições que participam desses fóruns. Em seguida, analise a importância deles para fazer avançar a EJA no estado e os principais documentos legais produzidos sobre a EJA em seu estado.

Síntese

Neste capítulo, abordamos os atos jurídicos que regulam a EJA no país e verificamos as sugestões expostas nas Diretrizes Curriculares Nacionais quanto à idade, à organização curricular, ao processo de avaliação, à certificação, entre outros aspectos. Nesse sentido, verificamos que as diretrizes não são normas, mas norteadores de um processo educacional nacional, que contam com certa flexibilidade conforme as especificidades regionais. Identificamos que, no ano de 2000, foram publicadas as diretrizes curriculares da EJA e, em 2010, as diretrizes operacionais da EJA, seguidas de "novas" diretrizes operacionais publicadas no ano de

2021. Também analisamos o conteúdo e as metas para EJA dos PNEs de 2001-2011 e de 2014-2024.

O conteúdo do capítulo revela que a EJA adquiriu importância nacional na segunda metade do século XX, quando orientações nacionais específicas foram elaboradas para essa modalidade da educação básica e, quando a sociedade civil organizada e as instâncias governamentais passaram a desenvolver, anualmente, os encontros de EJA, que discutem e fazem proposições relacionadas a políticas e práticas para esse segmento.

Atividades de autoavaliação

1. Qual é a idade exigida para realização dos exames de EJA em nível dos ensinos fundamental e médio, respectivamente, segundo o art. 37 da LDBEN n. 9.394/1996?

    a) 17 e 19 anos completos.
    b) Maiores de 17 e de 20 anos.
    c) 18 e 21 anos completos.
    d) Ser maior de 15 e de 18 anos.
    e) Não há uma idade específica.

2. Qual é o documento/resolução que fornece as diretrizes da EJA?

    a) Lei n. 9.394/1996.
    b) Diretrizes Curriculares e Operacionais Nacionais para a EJA.
    c) Constituição Federal de 1988.
    d) Plano Nacional de Educação.
    e) Planos Estaduais de Educação.

3. O Eneja é um evento público decorrente do debate internacional sobre a EJA. Foram realizados 17 encontros no Brasil e eles demonstram que a _____ está participando, debatendo,

propondo políticas públicas de educação. Assinale a alternativa que completa a frase corretamente:

a) sociedade política
b) sociedade civil organizada
c) sociedade econômica
d) pessoa física
e) classe empresarial internacional

4. As Diretrizes Curriculares Nacionais para a EJA propõem uma organização pedagógica que se caracteriza pela valorização:

a) da equidade e do respeito à diferença.
b) da cultura local e da homogeneidade dos alunos.
c) do respeito à concentração de renda no país.
d) da comunidade e da obrigatoriedade do manual didático.
e) da avaliação em larga escala.

5. A leitura deste capítulo possibilitou a compreensão de que a EJA vem se fortalecendo no Brasil, fato que nem sempre implica sucesso no que tange à educação pública, pois é um sinal de que a educação básica tem enfrentado problemas no que diz respeito à permanência dos alunos na escola e à continuidade dos estudos. De acordo com esse pressuposto, marque a alternativa que indica os sinais de fortalecimento da EJA no Brasil:

a) A realização dos Enejas.
b) A presença da EJA na legislação educacional e a existência de diversos programas desse segmento.
c) A ampliação do número de alunos que buscam programas de EJA.
d) A realização de debates sobre a oferta da EJA a distância.
e) Todas as alternativas anteriores estão corretas.

Atividades de aprendizagem

Questões para reflexão

1. Investigue quais são os problemas mais frequentes em sua localidade com relação à EJA. Em seguida, compare esses problemas com as metas do PNE (2014-2024). Lembre-se de que são as metas 8, 9 e 10.
2. Os estados brasileiros também têm seus planos de educação nos quais são fixadas metas para a EJA. Procure o plano de educação do estado em que você mora e verifique quais são as aproximações entre ele e o PNE.

Atividade aplicada: prática

1. Confira os dados educacionais de seu município na Secretaria Municipal e/ou Estadual de Educação e verifique como as metas do PNE (2014-2024) estão sendo desenvolvidas. Em seguida, elabore um relatório comparando e analisando esses dados.

Capítulo três

Formação e prática do educador de jovens e adultos

A formação e a prática do educador são dois temas que inquietam alunos, professores, comunidade, coletivos de educação e instâncias governamentais. A formação é um processo essencial à prática da educação de jovens e adultos (EJA), mas as experiências coletivas vêm demonstrando que a produção de conhecimento nessa área tem mais sentido político e social quando articula teoria e prática.

É preciso ir sempre além, trilhar outros caminhos, regar as plantas para que floresçam e deem frutos cada vez mais consistentes. Todo aprendizado tem sempre um ponto de partida, sejam as relações sociais vividas, sejam as letras estudadas em um caderno ou livro. No entanto, é preciso estabelecer novas relações sempre, e, nesse sentido, interrogar o estágio atual do conhecimento é essencial para a construção da sociedade e da educação direcionadas a um futuro justo. Desse modo, neste capítulo, esboçaremos um pequeno ponto de partida para sua formação, discutindo questões pertinentes ao profissional que deseja trabalhar com a EJA.

3.1 Concepções de educação de jovens e adultos ao longo do século XX

Concepção é o ponto de partida que norteia um pensamento, um argumento, uma prática, é o que fundamenta a ação. A ação é produzida e sistematizada na prática humana, passando a orientar as atitudes por algum tempo, até que a nova concepção seja produzida e reoriente as relações, as ações.

É sempre importante perguntar qual é a concepção de mundo, de sociedade, de educação, de ensino, de sujeito que orienta nossa ação, pois nossa resposta expressa se a concepção é tradicional ou se é crítica, orientando o pensar e o fazer educativos.

Para o detalhamento de cada uma dessas concepções, buscamos em Mizukami (1986) um auxílio. A autora não discute a EJA, porém, ao tratar das características das abordagens de ensino de acordo com várias concepções, encontramos duas destas que guardam relação com a marca tradicional na EJA: (1) a tradicional e (2) a sociocultural.

Para Mizukami (1986), a **abordagem tradicional** do ensino identifica o aluno como parte de um mundo que ele conhecerá, isto é, a realidade é transmitida a ele, existe a preocupação com a armazenagem de conhecimentos, a educação restringe-se à instrução e à transmissão de conteúdos, os alunos são instruídos pelos professores, há uma relação vertical entre professor e aluno, existe o predomínio da metodologia expositiva e a avaliação é concebida como verificação da memorização dos conteúdos. Essas são as características da chamada *concepção bancária de educação*, tão criticada por Paulo Freire (1987), especialmente em sua obra *Pedagogia do oprimido*.

Com essa concepção tradicional de ensino, a alfabetização de adultos é caracterizada como semelhante à educação das crianças e passa a existir uma preocupação excessiva com as técnicas de ensino; os conteúdos são descolados da realidade social dos educandos; há distanciamento entre professor e aluno, bem como existe uma concepção técnica da oralidade, da escrita e da leitura, sendo estas últimas compreendidas como processo de decodificação de símbolos.

Já a concepção de ensino **sociocultural** apresenta características da concepção dialógica de educação, defendida por Paulo Freire. Tal abordagem caracteriza-se pela busca de interação entre homem e mundo, sendo o sujeito entendido como elaborador e criador de conhecimentos. O homem é pensado e educado tendo como pressuposto sua cultura e sua prática social; é visto como sujeito que se constrói como tal à medida que pensa seu contexto (Mizukami,1986).

Na educação, o homem é considerado sujeito do conhecimento e a escola é identificada como um dos lugares de conhecimento, mas não o único. O processo de ensino-aprendizagem é desenvolvido objetivando a superação da relação entre opressores e oprimidos e há horizontalidade na relação professor-aluno, embora o docente tenha clareza quanto a seu papel de orientador do processo educativo. A metodologia se caracteriza pela dialogicidade e pela problematização dos conteúdos escolares em relação aos conteúdos do mundo da vida. São desenvolvidos processos de autoavaliação, de modo que o planejamento de ensino, os conteúdos, a metodologia, a relação professor-aluno etc. possam ser repensados continuamente.

Na concepção dialógica/problematizadora da educação e da EJA, existe uma preocupação com o desenvolvimento da consciência política, mediante o trabalho coletivo e a valorização da prática social dos sujeitos do processo educativo. Assim, alfabetização não deixa de ser a aquisição de um padrão convencional de escrita, leitura, ortografia etc., porém se torna também a busca pela interpretação dos conteúdos ideológicos que envolvem as palavras e o discurso. Do mesmo modo, a continuidade dos estudos é uma forma de caminhar em direção à emancipação humana.

As práticas da EJA têm sido marcadas pela influência de ambas as concepções de educação: de um lado estão as práticas que dão excessiva ênfase às metodologias de ensino e à utilização de manuais didáticos, que facilitam a aquisição dos requisitos para a leitura e a escrita; de outro, estão as práticas que focalizam o conteúdo social no fazer educativo e os processos dialógicos que possam levar ao desenvolvimento da consciência crítica, da emancipação.

É importante lembrar, como diz Soares (2004, p. 16), que,

> o que se propõe é, em primeiro lugar, a necessidade de reconhecimento da especificidade da alfabetização, entendida como processo de aquisição e apropriação do sistema da escrita, alfabético e ortográfico; em segundo lugar, e como decorrência, a importância de que a alfabetização se desenvolva num contexto de letramento – entendido este, no que se refere à etapa inicial da aprendizagem da escrita, como a participação em eventos variados de leitura e de escrita, e o consequente desenvolvimento de habilidades de uso da leitura e da escrita nas práticas sociais que envolvem a língua escrita, e de atitudes positivas em relação a essas práticas; em terceiro lugar, o reconhecimento de que tanto a alfabetização quanto o letramento têm diferentes dimensões, ou facetas, a natureza de cada uma delas demanda uma metodologia diferente, de modo que a aprendizagem inicial da língua escrita exige múltiplas metodologias, algumas caracterizadas por ensino direto, explícito e sistemático – particularmente a alfabetização, em suas diferentes facetas – outras caracterizadas por ensino incidental, indireto e subordinado a possibilidades e motivações das crianças; em quarto lugar, a necessidade de rever e reformular a formação dos professores das séries iniciais do ensino fundamental, de modo a torná-los capazes de enfrentar o grave e reiterado fracasso escolar na aprendizagem inicial da língua escrita nas escolas brasileiras.

A formação do educador da EJA, portanto, dá ênfase a duas dimensões indissociáveis. De um lado, valoriza-se a experiência do aluno-estagiário que já trabalha na EJA; de outro, valorizam-se os conhecimentos já construídos na EJA, seja pelas pesquisas acadêmicas, seja pelo aprofundamento das práticas desenvolvidas nos diferentes programas de EJA no Brasil. A articulação entre prática e teoria é essencial na formação do educador de EJA.

Pense em como você faz a articulação entre a prática e a teoria (ou entre teoria e prática) em suas aulas, sejam elas com o futuro educador da EJA, sejam com os educandos da EJA. Agora, verifique adiante como é que as concepções de EJA influenciam a formação e a prática do educador.

Seguindo os trilhos de Moura (1999, p. 23), concordamos que: "Toda a história das ideias em torno da alfabetização de adultos no Brasil acompanha a história da educação como um todo que, por sua vez, acompanha a história dos modelos econômicos e políticos e consequentemente a história das relações de poder, dos grupos que estão no poder".

É importante mencionar alguns fatores estruturais da sociedade brasileira – economia voltada aos interesses externos, relações patrimonialistas na esfera do Estado, enraizamento das relações de poder, de submissão e de clientelismo etc. –, pois a educação de adultos integra esse contexto maior de relações nacionais e internacionais. Durante muito tempo, a educação de adultos esteve à margem do debate sobre a educação pública. Ao longo do século XX, o analfabetismo foi tratado como um mal que assolava a sociedade e que precisava ser erradicado, era preciso diminuir a ignorância e formar um coletivo eleitoral que viesse responder aos interesses da elite política, segundo o ideário político daquele momento.

O analfabeto era visto como um ignorante, característica que marcou o desenvolvimento dos programas de alfabetização, que valorizavam o ensino das primeiras letras – leitura e escrita. Portanto, bastava que o sujeito assinasse o próprio nome para ser considerado alfabetizado. Conforme aponta Moura (1999), a concepção instrumental de alfabetização predominou até meados dos anos de 1950 no Brasil. Contudo, ainda podemos verificar em materiais didático-pedagógicos traços da concepção instrumental da educação, particularmente quando o contexto sociocultural dos educandos é ignorado no processo pedagógico.

Como afirma Oliveira (2007, p. 97), "a lógica que deve presidir a seleção e apresentação dos conteúdos aos alunos é a da Educação de Jovens e Adultos e não a do Ensino Regular". A autora, assim, enfatiza a abordagem teórico-metodológica que articula os conteúdos com as situações de vida cotidiana das populações.

Em uma concepção instrumental de educação, a preocupação central é que o aluno domine os conhecimentos escolares tradicionais. Na concepção dialógica, a preocupação central é que o aluno possa trabalhar com os conhecimentos e que estes tenham significado sociocultural; e dessa lógica os conteúdos emergirão do mundo cotidiano e ganharão complexidade à medida que forem debatidos no grupo. Nessa concepção, o sujeito da EJA é um *sujeito de pedagogias*, conforme nomeia Arroyo (2017), de experiências, de trajetórias a serem consideradas na prática pedagógica. A educação e a alfabetização constituem, portanto, o ato de conhecimento que emancipa e que motiva para a realização de ações modificadores do meio.

Você sabe o que caracteriza a concepção instrumental de alfabetização? Para entendê-la, precisamos responder às seguintes perguntas:

- Como era visto o sujeito analfabeto?
- Quem era o educador?
- Quais conteúdos eram trabalhados com os educandos?
- Como eram selecionados os conteúdos?
- Como era a metodologia de ensino?

A concepção instrumental de educação e de alfabetização ainda tem lugar em nossa sociedade, por isso é importante conhecer suas características e seus pontos válidos e frágeis, para, então, fortalecer outras concepções de educação e de EJA.

A alfabetização de adultos até por volta da década de 1930 foi concebida como "aquisição de um sistema de código alfabético, tendo como único objetivo instrumentalizar a população com os rudimentos de leitura e escrita" (Moura, 1999, p. 24). No início, como comenta Moura (1999), o objetivo era que os colonos pudessem ler o catecismo e seguir as instruções da Corte.

Também, quanto aos indígenas, era intenção que fossem catequizados, aprendessem o respeito à ordem e assimilassem a língua portuguesa. Mais tarde, com o processo de industrialização, a alfabetização era necessária para que os trabalhadores pudessem executar as tarefas exigidas pelo Estado.

Houve o predomínio de uma concepção de alfabetização denominada *instrumental*, cujas características eram:

- O analfabeto era visto como um sujeito ignorante, sem cultura, como se fosse uma tábula rasa a ser preenchida.
- O educador não era reconhecido como profissional da educação, uma vez que não havia política voltada à sua formação e valorização; em muitos casos, predominava a ação voluntária.
- Os conteúdos eram trabalhados da mesma maneira como eram desenvolvidos com as crianças – mediante o uso de cartilhas que ilustravam letras e palavras isoladas, como principal instrumento da alfabetização.
- Os conteúdos não eram selecionados pelos educadores, e sim pela equipe técnica que organizava as cartilhas, portanto, os próprios alfabetizadores eram objeto do sistema educacional do qual faziam parte, reproduzindo as intenções ideológicas.
- A metodologia de ensino pode ser ilustrada com uma reflexão de Freire (1976, p. 46): "A asa é da ave. Eva viu a uva, o galo canta, o cachorro ladra, são contextos linguísticos que, mecanicamente memorizados e repetidos, esvaziados de seu conteúdo enquanto pensamento-linguagem referido ao mundo, se transformam em meros clichês".

Para Freire (1976, p. 48), um processo de alfabetização dessa natureza "reforça a mitificação da realidade, fazendo-a opaca e embotando a consciência dos educandos com palavras e frases alienadas".

A concepção instrumental de alfabetização está iluminada pela concepção tradicional ou conservadora de educação, em que educando e educador são tidos como objetos do processo de ensino-aprendizagem: o educando recebe o conteúdo que está no manual didático e o educador é o responsável pela transmissão do referido conteúdo. Existe uma equipe de técnicos que pensa e elabora os conteúdos dos manuais mediante os interesses políticos de cada momento histórico.

Afinal, os manuais são ou não necessários ao processo de alfabetização e de continuidade da escolarização na EJA? Os textos ou roteiros de estudo são fundamentais para o bom andamento do processo pedagógico. A questão a analisar é como eles são produzidos e quem os elabora. Se você estudar os programas de EJA que existem no Brasil, identificará que a maioria apresenta material didático para uso dos educandos. É importante verificar como os conteúdos são selecionados e como são propostas as atividades em torno deles: São atividades infantilizadas? São atividades que requerem articulação entre os conceitos apresentados e os aspectos da realidade vivida? São conteúdos que motivam o aluno ao estudo ou que dificultam sua aprendizagem? São conteúdos que revelam as faces contraditórias da sociedade tão presentes no dia a dia ou são conceitos isolados da dinâmica societária, seja do passado, seja do presente?

Essa análise deve ser feita para que se verifique se há uma concepção instrumental de educação ou se há uma concepção dialógica sustentando o processo pedagógico na EJA.

Você sabe dizer que outra educação é possível em oposição à concepção instrumental de alfabetização? As mudanças na sociedade são fortalecidas mediante a ação da sociedade organizada, das demandas sociais etc. Os movimentos sociais, os sindicatos, as organizações sociais são sujeitos coletivos da sociedade que, constantemente, demandam mudanças no Poder Público. No âmbito da educação de adultos, o Congresso Nacional de Educação de Adultos, realizado em 1958, constitui-se um marco no debate em torno dessa modalidade de educação e das questões pedagógicas inerentes a ela.

Reproduzindo a análise de Moura (1999, p. 29), vemos que:

> A partir do Congresso e de toda a mobilização ocorrida durante esse final de década, a alfabetização de adultos – e a educação de uma maneira geral – passam a dispor de um conjunto de ideias e de indicações práticas, até porque Freire só formula teoricamente suas reflexões na segunda metade da década de 60, durante o exílio – que puderam contrapor às indicações pedagógicas desenvolvidas anteriormente. Enquanto o país estava nas mãos de um governo populista, ele

pôde disseminar suas ideias, inclusive pondo-as em prática a partir do trabalho desenvolvido pelo Plano Nacional de Alfabetização, do qual foi o coordenador, bem como através das assessorias que prestava às experiências de alfabetização de adultos desenvolvidas pelos movimentos populares.

Neste ponto, passamos a conhecer um sentido de alfabetização em Freire: alfabetização de adultos como **ato de conhecimento**.

O próprio Freire (1976, p. 49) assim definiu essa concepção:

> Para ser um ato de conhecimento o processo de alfabetização de adultos demanda, entre educadores e educandos, uma relação de autêntico diálogo. Aquela em que os sujeitos do ato de conhecer (educador-educando; educando--educador) se encontram mediatizados pelo objeto a ser conhecido. Nesta perspectiva, portanto, os alfabetizandos assumem, desde o começo mesmo da ação, o papel de sujeitos criadores. Aprender a ler e escrever já não é, pois, memorizar sílabas, palavras ou frases, mas refletir criticamente sobre o próprio processo de ler e escrever e sobre o profundo significado da linguagem [...] Enquanto ato de conhecimento, a alfabetização, que leva a sério o problema da linguagem, deve ter como objeto também a ser desvelado as relações dos seres humanos com seu mundo. (Freire, 1976, p. 49)

Desse modo, a característica primordial da concepção de alfabetização como ato de conhecimento é a seguinte: aprender a ler e a escrever é mais do que a aquisição de um sistema de código alfabético, é a possibilidade de que os sujeitos percebam "o que realmente significa dizer a palavra: um comportamento humano que envolve ação e reflexão [...] é o direito de expressar-se e expressar o mundo, de criar e recriar, de decidir, de optar" (Freire, 1976, p. 49).

Assim, nessa concepção, os analfabetos são seres concretos, criadores e recriadores; são sujeitos que pensam e que produzem saberes em sua prática social.

Outra característica consiste na prática educativa baseada no diálogo. Para Freire (1976, p. 51):

> Como um ato de conhecimento, o processo de alfabetização implica na existência de dois contextos dialeticamente relacionados. Um é o contexto do autêntico diálogo entre educadores e educandos, enquanto sujeitos de conhecimento. É o contexto teórico. O outro é o contexto concreto, em que os fatos

se dão – a realidade social em que se encontram os alfabetizandos. [...] A codificação, de um lado, faz a mediação entre o contexto concreto e o teórico; de outro, como objeto de conhecimento, mediatiza os sujeitos cognoscentes que buscam, em diálogo, desvelá-la.

A concepção de alfabetização como ato de conhecimento é também uma característica e se refere à escolha dos conteúdos, que são selecionados mediante a investigação de palavras e temas geradores. "Investigar o tema gerador é investigar, repitamos, o pensar dos homens referido à realidade, é investigar seu atuar sobre a realidade, que é sua práxis" (Freire, 1987, p. 98). Vamos nos ater ao detalhamento dos temas geradores mais adiante, quando discutirmos o método Paulo Freire.

Por fim, há a característica de que a alfabetização tem o sentido de conscientização política. Os temas escolhidos não são aleatórios, pois fazem parte da realidade vivida pelos educandos, podendo constituir aspectos de sua trajetória de vida, da situação socioeconômica etc.

O livro *Sete lições sobre educação de adultos*, de Álvaro Vieira Pinto, remete--nos à noção crítica de alfabetização. Para ele, "O método crítico visa constituir no educando uma consciência crítica de si e de sua realidade, e admite que, como elemento, como parte dessa consciência, surge espontaneamente a compreensão da necessidade de alcançar um plano mais elevado do saber, o plano letrado" (Pinto, 2000, p. 98).

O analfabeto é visto como sujeito da alfabetização, pois transforma a si mesmo, sendo que "a contribuição do educador consiste em possuir uma técnica adequada para proporcionar os elementos da linguagem escrita, mas de forma tal, que estes representem a realidade do alfabetizando e sejam reconhecidos por ele como tais" (Pinto, 2000, p. 98-99).

E como fazer isso? Segundo esse autor, é importante que o primeiro passo da alfabetização contribua para o educando se tornar observador consciente de sua própria realidade, "destacar-se dela para refletir sobre ela, deixando de ser apenas participante inconsciente dela (e por isso incapaz de discuti-la)" (Pinto, 2000, p. 99).

No âmbito das técnicas de ensino, é possível apresentar ao educando imagens de seu próprio modo de vida para que ele possa observar, discutir e abrir caminho para a reflexão crítica. Dessa forma, "a alfabetização decorre como consequência imediata da visão da realidade, associando-se a imagem da palavra à imagem de uma situação concreta" (Pinto, 2000, p. 99).

É desse modo que podemos falar em duas concepções de alfabetização e de educação ao mesmo tempo: uma **instrumental**, na qual o analfabeto, visto como ignorante, é apenas um objeto no processo de aquisição de um sistema de código alfabético, e uma **dialógica** ou **crítica**, que tem no ato de conhecer a essência da alfabetização.

A partir do final da década de 1950, a educação de adultos adquiriu, portanto, novas faces políticas e pedagógicas. *Políticas* porque se objetiva com a educação atingir a forma de consciência crítica, ou seja, que os sujeitos da educação possam transformar a si e a sua situação vivida no mundo, fazendo da alfabetização um ato de conhecimento, ao conhecerem a si mesmos e à realidade em que vivem e ao pensarem nas possibilidades de transformá-la. *Pedagógicas* porque pressupõe a superação das dimensões instrumentais e valoriza a interação professor-educandos. Estes, por sua vez, são identificados como seres concretos, históricos, com saberes do mundo da vida e capazes de produzir conhecimentos e de transformar sua realidade.

Devemos lembrar que os movimentos sociais tiveram forte influência na explicitação de uma nova face política e pedagógica para a educação de adultos. Porém, com a instalação do regime militar após 1964, as experiências críticas no âmbito da educação de adultos foram reprimidas e intimidadas, embora, nos anos de 1980, tenha havido uma retomada da perspectiva crítica de educação em outra conjuntura política – a abertura democrática.

Podemos dizer que, a partir dos anos 1990, a maior preocupação passou a ser com o processo de ensino-aprendizagem entre os jovens e os adultos que dão continuidade aos estudos, tanto no ensino fundamental quanto no médio. Notamos, pelo conteúdo dos materiais didático-pedagógicos, que existem diferentes orientações metodológicas: uma delas está vinculada à concepção tradicional de educação, assentada em técnicas de ensino e em processos de avaliação ainda infantilizados; a outra tenta enfatizar a concepção sociocultural, valorizando conteúdos que integram o mundo da vida dos trabalhadores que buscam a EJA. São livros ilustrados, com vários textos que pretendem problematizar a realidade, discutem problemas sociais, desenvolvimento sustentável, relação cultura e trabalho etc. Os materiais didático-pedagógicos produzidos no contexto das experiências sindicais e do Movimento dos Trabalhadores Rurais Sem Terra (MST) valorizam os conteúdos do mundo do trabalho. Percebemos a busca por um processo educativo de aprendizagem coletiva, problematizadora e de articulação entre a realidade local e a totalidade (país, continente, planeta). Discutem-se as contradições sociais e as possíveis soluções a elas. Dessa forma, registra-se que muitas experiências têm a prática coletiva como substância essencial do ato educativo.

Você, leitor, pode estar se perguntando: Afinal, quem é Paulo Freire? O que é o método Paulo Freire?

Você encontra diversos vídeos com ênfase na memória e na trajetória de Freire, sua obra e pesquisadores da EJA no Brasil. Moacir Gadotti está à frente do Instituto Paulo Freire (IPF), que disponibiliza obras e cursos vinculados ao pensamento de Freire.

A seguir, reproduzimos parte de um texto organizado por Moacir Gadotti (1996) em que ele historiciza a vida e o pensamento de Freire. Para nosso momento de aprendizagem, trouxemos um trecho que focaliza aspectos da trajetória de vida desse educador.

> Paulo Freire nasceu em Recife, em 1921, e conheceu, desde cedo, a pobreza do Nordeste do Brasil, uma amostra dessa extrema pobreza na qual está submersa a nossa América Latina. Desde a adolescência engajou-se na formação de jovens e adultos trabalhadores. Formou-se em Direito, mas não exerceu a profissão, preferindo

dedicar-se a projetos de alfabetização. Nos anos 50, quando ainda se pensava na educação de adultos como uma pura reposição dos conteúdos transmitidos às crianças e jovens, Paulo Freire propunha uma pedagogia específica, associando estudo, experiência vivida, trabalho, pedagogia e política. O pensamento de Paulo Freire – a sua **teoria do conhecimento** – deve ser entendido no contexto em que surgiu – o Nordeste brasileiro –, onde, no início da década de 1960, metade de seus 30 milhões de habitantes vivia na "**cultura do silêncio**", como ele dizia, isto é, eram analfabetos. Era preciso "dar-lhes a palavra" para que "transitassem" para a participação na construção de um Brasil que fosse dono de seu próprio destino e que superasse o colonialismo. As primeiras experiências do método começaram na cidade de Angicos (RN), em 1963, onde 300 trabalhadores rurais foram alfabetizados em 45 dias. No ano seguinte, Paulo Freire foi convidado pelo Presidente João Goulart e pelo Ministro da Educação, Paulo de Tarso C. Santos, para repensar a alfabetização de adultos em âmbito nacional. Em 1964, estava prevista a instalação de 20 mil **círculos de cultura** para 2 milhões de analfabetos. O golpe militar, no entanto, interrompeu os trabalhos bem no início e reprimiu toda a mobilização já conquistada. A partir dessa sua prática, criou o método, que o tornaria conhecido no mundo, fundado no princípio de que o processo educacional deve partir da realidade que cerca o educando. Não basta saber ler que "Eva viu a uva", diz ele. É preciso compreender qual a posição que Eva ocupa no seu contexto social, quem trabalha para produzir a uva e quem lucra com esse trabalho. Paulo Freire foi exilado pelo golpe militar de 1964, porque a Campanha Nacional de Alfabetização no Governo de João Goulart estava conscientizando imensas massas populares que incomodavam as elites conservadoras brasileiras. Passou 75 dias na prisão acusado de "subversivo e ignorante". Depois de passar alguns dias na Bolívia, foi para o Chile, onde viveu de 64 a 69 e pôde participar de importantes reformas, conduzidas pelo governo democrata-cristão Eduardo Frei, recém-eleito com o apoio da Frente de Ação Popular. A reforma agrária implicava o deslocamento dos aparelhos de Estado aos campos para estabelecer uma nova estrutura agrária e fazer funcionar os serviços de saúde, transporte, crédito, infraestrutura básica, assistência técnica, escolas etc. O governo do Chile procurava novos profissionais e técnicos para apoiar o processo de mudança, principalmente no setor agrário. Paulo Freire foi convidado para trabalhar na formação desses novos técnicos. O momento histórico que Paulo Freire viveu no Chile foi fundamental para explicar a consolidação da sua obra, iniciada no Brasil. Essa experiência foi fundamental para a formação do seu pensamento político-pedagógico. No Chile, ele encontrou um espaço político, social e educativo muito dinâmico, rico e desafiante, permitindo-lhe reestudar seu método em outro contexto, avaliá-lo na prática e sistematizá-lo teoricamente. Os educadores de esquerda apoiaram a filosofia educacional de Paulo Freire, mas ele teve a oposição da direita do PDC (Partido Democrata Cristão) que o acusava, em 1968, de escrever um livro "violentíssimo" contra a Democracia Cristã. Era o livro **Pedagogia do Oprimido**, que só seria publicado em 1970. Este foi um dos motivos que fizeram com que Paulo Freire deixasse o Chile no ano seguinte. A sociedade brasileira e latino-americana da década de 60 pode ser considerada como o grande laboratório onde se forjou aquilo que ficou conhecido como o "Método Paulo Freire". A situação de intensa mobilização política desse período teve uma importância fundamental na consolidação do pensamento de Paulo Freire, cujas origens remontam à década de 1950. Depois de passar quase um ano em Harvard, no início de 1970, foi para Genebra onde completou 16 anos de exílio. Na década de 70 assessorou vários países da África, recém-libertada da colonização europeia, auxiliando-os na implantação de seus sistemas de educação. Esses países procuravam elaborar suas políticas com base no princípio da **autodeterminação**. Sobre uma dessas experiências foi escrita uma das obras mais importantes de Freire que é *Cartas à Guiné Bissau* (1977). Paulo Freire assimilou a **cultura africana** pelo contato direto com o povo e com seus intelectuais, como Amilcar Cabral e Julius Nyerere. Mais tarde, essa influência é sentida na obra que escreve com Antonio Faundez, um educador chileno, exilado na Suíça, que continua com um trabalho permanente de formação de educadores em vários países da África e América Latina. Nesse período, vem o contato mais próximo com a obra de Gramsci, Kosik, Habermas e outros filósofos marxistas. Parece-me que o marxismo de Paulo Freire nutre-se nas obras desses autores, especialmente Gramsci. Isso se reflete nos diálogos mantidos com os educadores dos Estados Unidos, na última década, entre eles: Henri Giroux, Donaldo Macedo, Ira Shor e Peter MacLaren e Carlos Alberto Torres. Paulo Freire retorna aos Estados Unidos já com uma bagagem nova, trazida da África, e discute o Terceiro mundo no Primeiro Mundo com Myles Horton. [...] Paulo Freire voltou pela primeira vez para o Brasil em 1979 – definitivamente em 1980 – com o desejo de "reaprendê-lo". O contato com a situação concreta da classe trabalhadora brasileira e com o Partido dos Trabalhadores deu um vigor novo ao seu pensamento. Podemos até dividir o pensamento dele em duas fases distintas e complementares: o Paulo Freire latino-americano das décadas de 60-70, autor da **Pedagogia do Oprimido**, e o Paulo Freire cidadão do mundo, das décadas de 80-90, dos livros dialogados, da sua experiência pelo mundo e de sua atuação como administrador público em São Paulo.

Fonte: Gadotti, 1996, p. 70-74, grifo do original.

Indicações culturais

IPF – Instituto Paulo Freire. Disponível em: <https://www.paulofreire.org/>. Acesso em: 24 mar. 2023

INSTITUTO PAULO FREIRE. Disponível em: <https://www.youtube.com/user/instpaulofreire>. Acesso em: 24 mar. 2023.

O IPF, criado no início dos anos de 1990, tem uma página na *web* e um canal na plataforma YouTube, ambos podem ser acessados por meio dos *links* indicados.

Freire faleceu no ano de 1997, mas deixou viva no pensamento e na ação de inúmeros educadores a concepção de educação dialógica e problematizadora, cujas características são apresentadas especialmente na obra *Pedagogia do oprimido*.

Quanto ao método Paulo Freire, as características centrais são, segundo Brandão (1987):

- Pesquisa do **universo vocabular**, partindo do pressuposto de que "há um universo de fala da cultura da gente do lugar, que deve ser: investigado, pesquisado, levantado e descoberto. [...] Não há questionários nem roteiros predeterminados para a pesquisa. [...] Há perguntas sobre a vida, sobre casos acontecidos, sobre o trabalho [...]" (Brandão, p. 1987, p. 25). Mediante o levantamento das palavras, **a investigação fornece elementos do mundo imediato**, "configurado pelo repertório dos símbolos através dos quais os educandos passam para as etapas seguintes do aprendizado coletivo e solidário de uma dupla leitura: a da realidade social que se vive e a da palavra escrita que a retraduz" (Brandão, 1987, p. 27).
- Levantamento das **palavras geradoras**, que emergem das inúmeras frases que caracterizam a vida. "As **palavras** são a menor unidade da **pesquisa**, assim como os **fonemas** das palavras serão a menor unidade do **método**" (Brandão, 1987, p. 30, grifo do original). As palavras constituem, assim, um instrumento de leitura da língua e de releitura coletiva da realidade social, atendendo ao objetivo da educação – a conscientização política.
- Proposição dos **temas geradores**, tomando-se como referência a ideia de que as palavras geradoras guardam relação com um aspecto da vida dos educandos, aparecem em determinados contextos e apontam para questões temáticas mais amplas. Brandão (1987) menciona que os temas geradores foram pensados por Freire para serem utilizados na fase pós-alfabetização. Vários deles são apontados por esse autor: (a) a natureza e o homem: o ambiente; (b) as relações do homem com a natureza: o trabalho; (c) o processo produtivo: o trabalho como questão; (d) as relações de trabalho

(operário ou camponês); (e) as formas de expropriação: relações de poder; (f) a produção social do migrante; (g) as formas populares de resistência e de luta. São os temas geradores que permitem aprofundar o processo de alfabetização, como a escrita e a leitura da palavra escrita e do mundo.

- O **círculo de cultura** e a **ficha de cultura**; "Círculo porque todos estão à volta de uma equipe de trabalho que não tem um professor ou um alfabetizador, mas um animador de debates que, como um companheiro alfabetizado, participa de uma atividade comum em que todos ensinam e aprendem" (Brandão, 1987, p. 43); já as fichas de cultura são cartazes, desenhos que despertam o pensamento dos educandos sobre sua própria situação no mundo e a situação de outros sujeitos – o homem é pensado como um ser de relações sociais.

Como destaca Brandão (1987, p. 108-109),

> o próprio método de alfabetização que Paulo Freire pensou funciona de tal sorte que realiza, dentro do **círculo de cultura**, a prática do diálogo que o sonho do educador imagina um dia poder existir no **círculo do mundo**, entre todos os homens, aí sim, plenamente educadores-educandos de todas as coisas. Daí surge a própria ideia de **conscientização**, tão nuclear em Paulo Freire. Ela é um processo de transformação do modo de pensar. É o resultado nunca terminado do trabalho coletivo, através da prática política humanamente refletida, da produção pessoal de uma nova lógica e de uma nova compreensão de Mundo: crítica, criativa e comprometida. O homem que se conscientiza é aquele que aprende a pensar do ponto de vista da prática de classe que reflete, aos poucos, o trabalho de desvendamento simbólico da opressão e o trabalho político de luta pela sua superação. (Brandão, 1987, p. 108-109, grifo do original)

Embora as primeiras experiências fundadas na concepção dialógica de educação tenham ocorrido nos idos de 1960, o exemplo de que as discussões sobre a concepção de educação dialógica, ou o *método Paulo Freire*, como denomina Brandão (1987), estão em vigência em muitas localidades pode ser visualizado em duas experiências, entre tantas outras. Uma delas relaciona-se à própria atuação de Freire na Secretaria

Municipal de Educação de São Paulo. A prática educacional no período de 1989-1992 assentou-se na perspectiva de "construção e vivência de um novo paradigma curricular. [...] Buscou-se uma reorientação presidida pela racionalidade emancipatória que toma como centrais os princípios de crítica, ação e a categoria 'totalidade'" (Saul; Silva, 2009, p. 225). A outra acontece no contexto das práticas educativas coletivas no MST, tanto na EJA quanto nas experiências da Escola Itinerante. São muitos materiais pedagógicos produzidos pelo setor de educação do MST que revelam a maior presença da abordagem sociocultural entre suas propostas. Paulo Freire é um dos educadores que embasa a prática educacional no movimento social.

O que significa trabalhar com a racionalidade dialógica ou emancipatória? Para Saul e Silva (2009, p. 225),

> significa estabelecer uma relação dialética entre o currículo e o contexto histórico, social, político e cultural como um todo. Construir/reformular/reorientar o currículo nessa perspectiva requer, antes de tudo, uma nova compreensão que explicite uma dimensão frequentemente oculta da questão curricular que diz respeito à ideologia. Conceber o currículo sob a ótica da racionalidade emancipatória implica compreendê-lo como um processo dependente da participação dos sujeitos envolvidos na ação educativa.

Em síntese, o que queremos destacar é que a concepção dialógica de educação nos remete a interrogações acerca do currículo e da relação entre educadores e educandos. Lutamos, na prática, para a construção de uma nova concepção sobre os conteúdos, cuja ênfase está nos entrelaçamentos dos conhecimentos, na relação dialética que caminha do particular ao genérico e faz o caminho de volta, visando à transformação.

A concepção de alfabetização e de educação desenvolvida por Paulo Freire é muito mais do que escrevemos nos limites destas páginas. Para aprofundar-se no que é a EJA em uma perspectiva freiriana, você pode procurar conhecer na própria localidade experiências que se fundamentam nos escritos e nas vivências de Paulo Freire, além de fazer pesquisas na *web* sobre experiências de educação que se fundamentam em seu ideário e sua prática educativa.

Em cada estado brasileiro é possível encontrar, nas universidades, pesquisas de mestrado e de doutorado que investigam a educação de jovens e adultos, a educação de adultos, a alfabetização de adultos, entre tantos outros temas que interessam ao debate na EJA.

Há universidades que mantêm projetos de extensão nessa modalidade de educação e produzem cadernos de alfabetização. É o caso da Universidade de Ijuí (Unijuí – RS), no âmbito do projeto vinculado ao Programa Nacional de Educação na Reforma Agrária (Pronera); da Universidade Estadual de Maringá (UEM – PR), que produziu livros demonstrando o trabalho com temas geradores no âmbito de um projeto também vinculado ao Pronera; da Universidade Federal do Paraná (UFPR), que elaborou, como resultado de um projeto de EJA nas áreas de assentamentos rurais, um livro intitulado *Formação de educadoras e educadores: o planejamento na alfabetização de jovens e adultos*.

Os programas Projovem Urbano e Projovem Campo – Saberes da Terra contam com vários volumes/cadernos temáticos para uso da EJA. São materiais didáticos produzidos nessa primeira década do século XXI que merecem estudos por parte daqueles que têm interesses na EJA. Existem também organizações, como a Ação Educativa, o MST, entre inúmeras outras, que produzem materiais didáticos e estão envolvidas em projetos de EJA.

Para informações sobre a vigência dos Programas Projovem Urbano e Projovem Campo, consulte a página do Ministério da Educação e do Fundo Nacional de Desenvolvimento da Educação (FNDE).

É por meio dos diálogos com coletivos da EJA e da busca de informações sobre políticas e práticas pedagógicas desse segmento que podemos avançar para um mundo melhor, desatando os "nós" da educação e fortalecendo-nos como seres humanos que pensam, criam e recriam conhecimentos. **Educação como ato de conhecimento implica** disposição para fazer diferente, pensar diferente e construir algo novo, tendo como referência o trabalho coletivo.

3.2 Formação do educador e prática na educação de jovens e adultos

Segundo Barreto e Barreto (2005, p. 80), "o objetivo da formação é melhorar a qualidade da intervenção do educador, não apenas o seu discurso". Parece que na sociedade atual temos enfrentado dificuldades na busca de melhoria da capacidade de intervenção do educador. Na educação superior, encontramos entre os alunos que estão iniciando a graduação alguns que são professores da educação infantil, porém mal sabem organizar uma frase concisa e clara, cometem erros ortográficos inadmissíveis e demonstram unicamente o interesse pela busca imediata de um diploma de graduação.

Obviamente, existem muitos outros alunos interessados em aprimorar os conhecimentos que já têm e se preocupam em desenvolver uma prática diferenciada. Nesse contexto, é importante que tenhamos em mente a ideia de melhoria na qualidade de intervenção do educador. Se adultos trazem discursos conservadores e culpabilizadores sobre o analfabetismo, qual é o papel do educador? Como contribuir com a superação dessa visão de mundo? Como não reforçar os estigmas tão fortalecidos em todas as instâncias societárias?

Falar da formação e da prática do professor de EJA implica pensar os equívocos relacionados à sua formação, entre os quais destacamos quatro como principais, conforme Barreto e Barreto (2005):

1. **A formação pode tudo:** "Este equívoco nasce de uma visão autoritária do processo educativo, que desconhece a condição de sujeito do educando. As pessoas não são instrumentos que podem ser usados para qualquer tarefa através de um processo de formação" (Barreto; Barreto, 2005, p. 80).

2. **A formação antecede a ação:** "A formação é uma prática de conhecimento e todo conhecimento nasce com uma pergunta. [...] As perguntas surgem na ação, em sua grande maioria. [...] Assim, o processo não se esgota na formação inicial, mas continua durante todo o processo. Portanto, é necessário um processo de formação permanente" (Barreto; Barreto, 2005, p. 81).
3. **Separação entre a teoria e a prática:** "Ignora-se que não existe prática que não esteja sustentada por uma teoria. A ação mais simples que possamos imaginar não poderá ser executada por quem não tenha um mínimo de teoria sobre esta ação" (Barreto; Barreto, 2005, p. 81).
4. **Trabalhar o discurso e não a prática:** "As pessoas podem pensar uma coisa e dizer outra, assim como fazer uma coisa e dizer outra. Aderir ao discurso da moda ou do poder pode trazer compensações e rejeitá-lo pode trazer complicações" (Barreto; Barreto, 2005, p. 82).

De acordo com Barreto e Barreto (2005), é fundamental que na formação do alfabetizador se utilize um instrumental metodológico semelhante àqueles que farão parte da prática do educador, sendo cinco os instrumentos metodológicos principais: (1) observação e registro, (2) análise da prática, (3) estudo, (4) avaliação e (5) planejamento.

De posse de conhecimentos que permitem repensar a prática e a teoria, os alfabetizadores podem contribuir para que a EJA seja um espaço de debates, produção coletiva de textos, produção individual, leitura e interpretação de textos e de contextos sociais.

Como observou Freire (1997) em uma experiência de EJA para trabalhadores de assentamentos de reforma agrária, que eram líderes políticos, porém sem alfabetização e/ou escolarização, era evidente as inquietações dos educadores que estavam passando pelo processo de formação; uma frase comum entre muitos deles era: "Os assentados sabem mais do que nós". A angústia dos educadores demonstrava um sentimento de incapacidade, algo inerente à concepção autoritária de educação; por outro lado, indicava a observação de que os sujeitos jovens e adultos traziam experiências que, na oralidade, enriqueciam o processo educativo. Essas experiências precisavam ser aproveitadas no desenvolvimento da escrita e da leitura crítica. Para isso, o desafio estava no processo de formação, que exigia o trabalho com textos que permitissem a reflexão sobre as contradições sociais do país, a ampliação de conhecimentos sobre a reforma agrária, inclusive em outros países (curiosidade presente entre os alunos da EJA). Assim, o processo de formação dos educadores era o momento de melhorar a qualidade da intervenção do educador. Contudo, tal processo não é simples, pois exige tempo e disposição para aprender, uma vez que demanda formação permanente, algo que nem sempre é possível na EJA, diante dos programas com duração limitada e frágil reconhecimento profissional.

Outras experiências de EJA demonstram a utilização de materiais didáticos com conteúdos programáticos para cada fase do ensino, predominando, ainda, a preocupação com a escolarização nos termos seriados e cumpridos em um curto tempo. Nesses projetos, o desafio do educador está em enriquecer o material didático com conteúdos da oralidade dos alunos, dos noticiários, enfim, de acontecimentos da vida cotidiana.

Fantinato (2004) publicou um artigo intitulado *A construção de saberes matemáticos entre jovens e adultos do Morro de São Carlos*, resultado de uma pesquisa etnográfica em que entrevistou educandos, professoras, coordenadoras do projeto de EJA e moradores da comunidade com o intuito de buscar relações entre os conhecimentos matemáticos escolares e aqueles advindos da vida cotidiana. A autora construiu três categorias de acordo com o contexto em que interpretou os dados da investigação, a saber:

1. **Relações quantitativas e espaciais na comunidade** – Nesse caso, Fantinato (2004) destaca a numeração das ruas, em que as casas não recebem números sequenciais nem uma padronização para diferenciar casas da direita de casas da esquerda, além de ocorrer repetição de números em algumas casas. Para a autora, os números parecem funcionar como nomes, e os moradores têm autonomia para escolhê-los. Outra observação da autora é quanto às representações quantitativas e espaciais próprias dos moradores: eles se referem

ao transporte local (Kombi) com horário definido em função do número de passageiros, sendo que tal limite não inclui passageiros com até oito anos de idade, que não pagam quando estão no colo de um adulto ou permanecerem em pé (Fantinato, 2004).

2. **Conhecimentos matemáticos na vida cotidiana** – Aqui a autora cita as compras realizadas no mercado. Ela diz que, quando os moradores falam das compras, trazem relações importantes sobre os conhecimentos matemáticos do dia a dia. Ela cita o fragmento da fala de uma senhora que demonstra o raciocínio matemático: "Se uma coisa é dois reais e oitenta centavos, eu falo: 'três reais...'" (Fantinato, 2004, p. 118). É um dado que indica a necessidade de calcular antes de pagar, para não passar vergonha. Em uma outra citação, o trabalhador do Norte fala que faz cálculos de cabeça, enquanto o pessoal do Sul usa máquinas etc. Ele diferencia pessoas do Norte (que fazem cálculos "de cabeça") das do Sul (que utilizam "maquinazinha"), o que demonstra conhecimento matemático e de diferenciação social (Fantinato, 2004).

3. **Matemática escolar e matemática do dia a dia** – A autora demonstra que os jovens falam da matemática escolar identificando-a com teoria e da matemática do dia a dia como o saber da prática, do calcular, saber contar, vender etc. Como diz um entrevistado citado por Fantinato (2004, p. 120), "as coisas começam pela comida, pelo sabão pra botar na máquina de lavar roupa".

Das conclusões da autora, destacamos duas: (1) o mundo da vida cotidiana tem muito a ensinar a educadores matemáticos – "Os conhecimentos matemáticos do cotidiano são ricos, complexos, lógicos. Precisam ser legitimados pela escola, para facilitar a aprendizagem desses outros conhecimentos matemáticos, os formais, que os jovens e adultos também buscam acessar" (Fantinato, 2004, p. 122); (2) "o afastamento **mundo da vida cotidiana/mundo da escola** talvez viesse a ser menor se professores e profissionais da educação compreendessem os motivos que levam os adultos a resistirem a uma simples **passagem** dos conhecimentos práticos para os conhecimentos matemáticos escolares" (Fantinato,

2004, p. 122, grifo do original). Como expõe a autora, não se trata de uma ponte, mas de um **diálogo respeitoso, uma vez que onde há respeito, há troca**.

O artigo de Fantinato (2004) nos auxilia a pensar nossas atitudes como educadores: Temos sido observadores? Temos investigado os conhecimentos que os jovens e os adultos trazem às salas de aula?

Poderíamos citar um exemplo semelhante relacionado à disciplina de Geografia. Conforme a obra de Resende (1989), os trabalhadores demonstram claramente o distanciamento entre o conhecimento escolar geográfico e o conhecimento da vida. O depoimento de um trabalhador descreve toda a organização urbana, a divisão territorial, os bairros com mais infraestrutura, com casarões etc. Como observador no interior de um ônibus urbano, ele relata todo o movimento social que enxerga no espaço da cidade, no entanto, quando perguntado sobre o que lembra da geografia escolar, ele recorda que tinha de decorar nomes de rios, estados e capitais.

Da mesma forma que no âmbito dos conhecimentos matemáticos, educadores e profissionais da educação discursam sobre a necessidade de levar em conta a realidade dos alunos, porém se posicionam com distanciamento diante de situações concretas vividas pelos jovens e pelos adultos ou mesmo pelas crianças em idade escolar.

Por fim, vale lembrar a afirmação de Pinto (2000, p. 113, grifo nosso):

> A capacitação crescente do educador se faz, assim, por duas vias: a via externa, representada por cursos de aperfeiçoamento, seminários, leitura de periódicos especializados etc.; e a via interior, que é a indagação à qual cada professor se submete, relativa ao cumprimento de seu papel social. [...] **A condição para este constante aperfeiçoamento** do educador não é somente a sensibilidade aos estímulos intelectuais, mas é sobretudo a consciência de sua natureza inconclusa como sabedor.

Nos dias atuais, a formação do educador vem sendo potencializada por meio de processos de formação continuada, a exemplo dos grupos de estudo, cursos de especialização, simpósios para capacitação docente, entre outras experiências desenvolvidas nos estados brasileiros. São sinais de que, aos poucos, ampliam-se os espaços de debate entre os educadores, mesmo que ainda haja muito a se fazer, tendo em vista as condições precárias de trabalho e de salário dos profissionais da educação.

Como em diversos estados há debates sobre organização curricular e existem propostas e inúmeros materiais pedagógicos que podem orientar a prática do educador, consideramos essencial a formação continuada para que o profissional se mantenha motivado a planejar e desenvolver a atitude criativa em seu trabalho pedagógico.

Como afirmam Saul e Silva (2009, p. 234-235),

> Para acompanhar o processo de reorientação curricular, é fundamental a formação de equipes pedagógicas multidisciplinares compostas por educadores oriundos das escolas que, por conhecerem a realidade das redes educacionais, são capazes de atuar como intelectuais orgânicos comprometidos com a transformação humanizadora, animadores que problematizam de forma pertinente as práticas e as dificuldades enfrentadas pelas diferentes comunidades escolares.

Com essas reflexões, nosso intuito é valorizar a atitude investigativa por parte do profissional da educação: perguntar, duvidar, escutar, olhar para o outro da própria comunidade e das comunidades de outros lugares, observar, registrar, analisar, estudar para compreender as relações que se passam no mundo e como elas podem ter sentido no ambiente escolar. Mais do que isso, o processo de formação e prática do educador, na atualidade, requer a experiência coletiva como fundamento de uma nova concepção de organização curricular.

A experiência coletiva pode ser materializada em encontros locais, na própria escola, entre os educadores e os gestores da EJA. Os momentos de planejamento do ensino, quando realizados coletivamente, podem render frutos na direção da concepção emancipatória de educação. É sempre atual a ideia de Freire de que **ninguém educa ninguém e ninguém aprende sozinho**. Talvez o desafio central na formação do educador e na própria prática seja a organização de momentos mais coletivos de planejamento e de avaliação do processo pedagógico, a exemplo do que ocorre no contexto dos movimentos de trabalhadores quando organizam a EJA.

3.3 Saberes necessários ao educador da educação de jovens e adultos

Tomando como referência as reflexões de Freire (1976; 1987; 1997; 2005), vamos enumerar alguns saberes e atitudes essenciais à prática do educador da EJA:

- **Assumir-se como profissional libertador, que tem postura crítica diante da realidade vivida.** Portanto, pressupõe-se que o educador valorize o sujeito com o qual trabalha, respeite-o e tenha a intenção de propiciar novos aprendizados, por meio de **interrogações** postas durante o processo educativo. A postura crítica implica a problematização do que se vê e do que se lê nos materiais bibliográficos e demais recursos utilizados em aula; implica também a interrogação de acontecimentos que marcam o mundo da vida de todos os que estão no processo educativo. Dessa forma, o educador deve ficar atento aos acontecimentos sociais, econômicos e políticos que marcam o país para ter embasamento e condições de dialogar com os educandos.
- **Ter papel diretivo no processo educativo, não como quem ocupa uma posição de comando, mas como articulador de um estudo sério sobre algum objeto de investigação.** Desse modo, cabe ao professor domínio do processo educativo, preparo, estudo e interesse pelos acontecimentos que marcam o país. Um educador bem-informado e interessado em aprofundar os conhecimentos propiciará o interesse dos educandos também pela interrogação do mundo; ao passo que um educador acomodado suscitará a acomodação e o desânimo dos educandos. O educador necessita saber para onde caminhar e como caminhar com seus educandos.

- **Colocar-se na posição de quem busca se superar constantemente, em uma atitude práxica.** Mas o que é uma atitude **práxica**? É aquela que vai além do simples fazer mecânico. O docente, no processo educativo, sente necessidade de rever as relações educativas que se passam na EJA, bem como de aprofundar os conhecimentos mediante problematização feita pelos educandos. Um educador que interroga a própria prática, trabalha com as necessidades que surgem e busca se superar a cada experiência tem uma atitude práxica, criadora. Esse educador supera a acomodação e a reprodução de atitudes e tem interesse em aprofundar os conhecimentos, demarcando uma concepção crítica em relação à educação e ao ato educativo.
- **Fazer do ato educativo um ato de conhecimento.** O que é necessário para conhecer? Em primeiro plano, é imprescindível ter dúvida. Todos aqueles que têm dúvida sobre algum fato, conteúdo, informação tendem a buscar resolução. Esse processo caracteriza a construção de conhecimento, pois supera a mera reprodução de algo que não foi suficientemente estudado. Existem muitos atos educativos que são reprodutores do que outros sujeitos fizeram, que é também parte do processo de conhecimento de mundo. Porém, a postura de **sujeito do processo educativo**, como aquele que busca construir as respostas, é essencial para a formação de sujeitos críticos, que se inquietam diante do mundo e, por isso, lutam para transformá-lo.
- **Colocar-se em constante processo de formação (formação permanente).** Para todos os educadores, a atitude de estar em permanente formação, seja participando de eventos da área com a qual trabalha, seja participando de cursos de capacitação, especialização etc., é central no desenvolvimento de uma prática criadora. A nossa passagem pelo planeta é muito curta, mas ela pode ser extremamente significativa quando exercitamos o ato de ensinar concomitante ao ato de aprender. Isso não implica em fragilização do processo educativo, pelo contrário, propicia que o educador tenha a direção do processo educativo e, assim, ciência do que precisa aprimorar, objetivando fortalecer a educação como emancipação humana.

- **Trabalhar com a indissociabilidade entre teoria e prática mediante reflexão crítica sobre a prática.** Aqui está em evidência novamente a atitude **práxica**. Os avanços na prática educativa são realizados com base na análise das experiências bem-sucedidas e daquelas que precisam de aprimoramento. O estudo daquilo que já existe gera interrogação acerca da própria prática. Essa interrogação, por sua vez, gera um fazer e um pensar fundamentados na construção de outra prática.
- **Respeitar o educando e a si próprio como sujeito do conhecimento e adotar a postura de sujeito pensante, criativo.** Superar as atitudes de mera repetição de conteúdos que, muitas vezes, nem foram compreendidos. O educando conta com um conjunto de experiências que podem ser conhecidas e reconhecidas no processo educativo. Por sua vez, o educador tem experiências e capacidade para problematizar os relatos trazidos pelos educandos, além de criar um ambiente propício à dialogicidade em sala de aula. A valorização da cultura dos educandos e da própria sociedade constitui fonte de problematização dos conhecimentos.

Moura (1999, p. 80), comentando esses saberes indispensáveis à prática do alfabetizador, agrupa-os em três campos de conhecimento:

1. Entender a natureza política "acerca da própria essência de ser do sujeito, do seu estar no mundo e com o mundo", e compreender "o próprio mundo e suas influências sobre os sujeitos" (Moura, 1999, p. 80). Portanto, são conhecimentos amplos acerca da sociedade, da intencionalidade política da educação.
2. Saber qual é a função social da educação e da EJA. A função social é apenas escolarizar? A função social é propiciar uma formação humana ampla?
3. Conhecer a natureza pedagógica e os elementos constitutivos dessa ação. É, portanto, essencial que o educador tenha domínio da natureza pedagógica no que diz respeito aos conteúdos imprescindíveis à EJA, à relação entre educador e educando, tendo ciência

das diferentes necessidades que eles trazem para a sala de aula, ao processo avaliativo, entre outros elementos da prática pedagógica.

Além disso, são essenciais conhecimentos específicos das áreas que subsidiam as atividades docente e discente. Portanto, é fundamental que o educador conheça os conceitos básicos da ciência com a qual trabalha. Se for a ciência humana, quais são os elementos básicos? Sociedade, natureza, relações sociais, cultura, trabalho, entre outros. Se for a ciência exata, quais são os conceitos básicos? Medidas, cálculos, escalas etc. O conhecimento básico somado à atitude de investigação dos aspectos que marcam a vida dos alunos fornece ao educador condições de criar um ambiente educativo crítico e instigador de novas relações de aprendizagem.

Como observamos, são inúmeros os saberes e as atitudes que levam a uma concepção dialógica de educação na EJA. Cabe a cada um de nós fazer a opção correta para que a sociedade possa caminhar para a emancipação, superando as diferentes formas de opressão que ainda marcam as relações sociais.

3.4 O que dizem os educandos sobre a educação e o analfabetismo

Primeiramente, vamos nos ater à questão "Quem é o adulto?". Que tal você pensar nas pessoas que conhece que são consideradas analfabetas: Quem são elas? Com certeza são jovens e adultos com experiências de vida e de trabalho.

Pinto (2000, p. 80-82) afirma que:

> A falta de educação formal não é sentida pelo trabalhador adulto como uma deficiência aniquiladora, quando a outra educação – a que é recebida por sua participação na realidade social, mediante o trabalho – proporciona os fundamentos para a participação política, a atuação do indivíduo em seu meio. E a prova é que estes são indivíduos que exercem importante papel como representantes da consciência comum em sua sociedade. Chegando até a serem líderes de movimentos sociais. [...] O menosprezo pela educação dos adultos, a

atitude de condená-los definitivamente ao analfabetismo (de parte de sua profunda imoralidade) incide no erro sociológico de supor que o adulto é culpado de sua própria ignorância. Não reconhece que o adulto não é voluntariamente analfabeto, não se faz analfabeto, senão que é feito como tal pela sociedade, com fundamento nas condições de sua existência.

Melo (1997) traz fragmentos de discursos de trabalhadores sobre alfabetização e demonstra como os sentimentos de culpa emergem em suas falas. Um desses discursos está reproduzido a seguir:

> Pra trabalhar nesta obra é preciso saber ler e escrever, porque senão dá prejuízo pra firma. Os cabras analfabetos dão muito trabalho porque não leem avisos e aí pinta acidente de trabalho. Por isto é que tem muito trabalhador desempregado ou rodando no serviço. Digo sim, pra eles: tem que ter cuidado, ler avisos. Não pode ser analfabeto aqui. (Melo, 1997, p. 42)

De certa forma, é uma fala que revela a ideia de que a alfabetização tem sua utilidade instrumental – ler instruções – e a culpa pelo desemprego está na falta de estudos. Há, assim, uma incorporação de que o analfabetismo é culpa do próprio indivíduo, e não de suas condições de existência, como nos informa Pinto (2000).

Outro fragmento de discurso reproduzido de Melo (1997, p. 46) nos permite pensar a valorização que os trabalhadores dão à alfabetização para o trabalho: "Gente analfabeta não dá conta de fazer as coisas direito. É cego. É praga. Veja lá, não aprendeu a ler porque não tem habilidade, não procura ter jeito, e não tendo estas habilidades não pode ter emprego bom. É deixado de lado, só serve para o pesadão, como eu".

Em uma série de depoimentos, Melo (1997) comenta o sentido político da alfabetização em sua concepção instrumental, apontando que está a serviço das relações capitalistas de produção, bem como contribui para a reprodução, no aspecto ideológico, da ideia de culpa do sujeito analfabeto pelo próprio "fracasso". "A professora repete e repete. Faz a turma toda repetir e o povo é burro mesmo. Não aprende nada. Tem dia que ela fica com cada um, fazendo as coisas do livrinho e, quando a gente volta [...]. Parece, né, que não entra mesmo [...] Estou tentando guardar na cabeça ou, então, fico de fora né." (Melo, 1997, p. 48).

Como afirma Melo (1997, p. 49), em momento algum se questionam as expectativas dos trabalhadores com relação à escrita e à leitura, e enfatiza-se a neutralidade dos métodos e das técnicas na resolução do problema da "vergonha do analfabetismo".

Para essa autora, "A caça ao analfabeto pelo governo brasileiro tem se tornado a caça ao 'doente-analfabeto', uma vez que o analfabetismo tem sido transformado em epidemia. [...] Entre nós, o discurso oficial tem se referido aos analfabetos como sujos e improdutivos, ligando esses fatos à ausência de educação e de moral" (Melo, 1997, p. 57).

Compreender como o analfabeto foi tratado historicamente, no contexto das políticas governamentais, ajuda-nos a pensar sobre o predomínio da concepção instrumental de educação, ou seja, o ensino dos conteúdos básicos para a utilização da mão de obra no setor produtivo. O discurso dos trabalhadores que se culpabilizam pelo "fracasso escolar" também deve ser entendido no contexto das condições concretas de existência. Eles tendem a reproduzir as marcas das relações sociais, demonstrando potencial para superar a visão fatalista do analfabetismo, caso tenham acesso a processos educativos com sentido social, com a valorização sociocultural dos saberes da experiência.

Provavelmente você já ouviu a frase: "Burro velho não aprende". Precisamos entendê-la no contexto das contradições sociais vividas pelos trabalhadores. Eles incorporam o sentimento de incapacidade que durante muito tempo foi incutido neles. Seus discursos denunciam, de maneira ingênua ou crítica, uma educação distanciada das reais necessidades do povo brasileiro.

Vale lembrar o entendimento de Pinto (2000, p. 79-80) sobre o adulto:

> é o ser humano no qual melhor se verifica seu caráter de trabalhador. O trabalho expressa e define a essência do homem em todas as fases de sua vida (da infância à velhice), mas é no período adulto que melhor se compreende seu significado como fator constitutivo da natureza humana. [...] O adulto é por conseguinte um trabalhador trabalhado.

Como diz esse autor, o fato de ser um "trabalhador trabalhado" não implica passividade: "a participação cada vez mais ativa das massas – incluindo grande número de analfabetos –, no processo político de uma sociedade, expande a consciência do trabalhador e lhe ensina por que e como – ainda que analfabeto – deve caber a ele uma participação mais ativa na vontade geral" (Pinto, 2000, p. 79-80).

Poderíamos continuar com uma série de depoimentos de jovens e adultos sobre a educação, mas, **que tal conversarmos com as pessoas que voltaram a estudar mais tarde na vida ou que ainda estão em situação de analfabetismo de nossas localidades?** Procure saber como eles explicam o fato de não terem estudado e que importância atribuem à educação.

O que tentamos demonstrar é que o jovem e o adulto são seres humanos, trabalhadores com vasta experiência de vida que vivem as contradições do atual modo de produção capitalista. Resta aos profissionais da educação e aos educadores o engajamento em uma concepção de educação que valorize o aluno como ser humano, como ser que aprende e que ensina, produzido pelas relações sociais de produção e também produtor de novas relações sociais mediante a análise crítica da prática social, própria e coletiva.

Síntese

Neste capítulo, tratamos especificamente de duas concepções de EJA presentes na sociedade brasileira: a instrumental e a dialógica. A instrumental é assentada na preocupação com os conteúdos e com a forma; já a dialógica é voltada ao conhecimento como forma de emancipação, isto é, destaca a importância da problematização dos conhecimentos e das experiências de vida como forma de conhecer e de demarcar a intencionalidade política – transformadora – da educação.

Também abordamos uma série de saberes e atitudes necessárias à prática do professor de EJA, como aspectos relacionados aos sentimentos dos sujeitos analfabetos sobre as atitudes que são essenciais ao desenvolvimento da educação e da alfabetização crítica, entre eles a postura de investigador por parte do educador; a postura daquele que escuta para ter melhores condições de problematizar a realidade; e as falas dos educandos. Ainda, verificamos que o educador precisa estar em constante processo de formação, de modo a acompanhar as mudanças de seu tempo e adotar uma postura de indagação diante do mundo e dos conhecimentos com os quais trabalha na EJA.

Atividades de autoavaliação

1. (Enade, 2017) A Educação de Jovens e Adultos (EJA) traz seus sujeitos impressos em seu nome e isto não é à toa. São justamente esses sujeitos com toda sua diversidade e heterogeneidade que demarcam as especificidades da modalidade. É a partir deles que a EJA vem sendo pensada no campo acadêmico, de maneira que uma proposta curricular adjacente a essas questões traga como pressuposto teórico o legado da Educação Popular, em que educador e educando entrelaçam uma postura dialógica.

Disponível em: <http://37reuniao.anped.org.br>. Acesso em: 12 jul. 2017 (adaptado).

Considerando as informações apresentadas, avalie as afirmações a seguir.

I. As especificidades dos alunos da EJA precisam ser consideradas e avaliadas constantemente, com intuito de que os conhecimentos trabalhados em sala de aula sejam significativos.
II. Os pressupostos teóricos e a proposta curricular da EJA são os mesmos da alfabetização nas séries iniciais, de modo que os jovens e adultos recuperem os conhecimentos aos quais não tiveram acesso em idade regular.
III. A relação dialógica entre professores e alunos potencializa o processo de ensino-aprendizagem ao dar espaço para a diversidade e heterogeneidade presentes nas salas de aula.

IV. O legado da Educação Popular deve nortear a proposta curricular da EJA numa perspectiva compensatória, de modo a favorecer indivíduos que não obtiveram sucesso na educação regular.

É correto apenas o que se afirma em:

a) I e III.
b) II e IV.
c) III e IV.
d) I, II e III.
e) I, II e IV.

2. Paulo Freire, ao propor uma concepção de educação popular, preocupou-se em definir caminhos para o trabalho educativo com os adultos. Assinale a alternativa que indica, na concepção dialógica e investigativa da educação, o caminho metodológico para a educação de jovens e adultos:

a) Investigação do universo vocabular; palavras e temas geradores.
b) Trabalho com identificação de frases; identificação de sílabas; leitura de textos.
c) Exercício de escrita, leitura; oralidade e produção de texto.
d) Desenvolvimento da oralidade; produção de texto escrito e leitura.
e) Definir formas de controle durante as aulas e evitar conflitos entre estudantes.

3. O trabalho com o universo vocabular e posteriormente com os temas geradores exige que o professor apresente três atitudes essenciais. Assinale a alternativa que contém essas atitudes:

a) Paciência ao ensinar, preocupação com a apresentação de conteúdos novos e exercício avaliativo para verificar se os educandos são capazes de aprender.
b) Atitude investigativa, respeito aos saberes dos educandos e disposição para motivar o diálogo durante a aula.
c) Disposição para ensinar, pressa para dar conta dos conteúdos

previstos para o período letivo e distanciamento dos educandos, de modo que os saberes não influenciem a aula.

d) Disposição para avaliar os alunos, atitude sistemática de obediência ao planejamento de ensino mesmo diante de fatos novos surgidos na aula e distanciamento dos educandos.

e) Poder sobre a turma, diálogo com os superiores e preocupação com a aprovação dos estudantes, independente da condição de aprendizagem.

4. (Enade, 2006). Em uma escola de Educação de Jovens e Adultos, os professores do primeiro nível, ou seja, o da alfabetização ou letramento, iniciam o processo educativo por meio de levantamento do universo vocabular dos alunos e, posteriormente, selecionam as palavras com as quais serão criadas situações desafiadoras de aprendizagem. A partir das discussões orais acerca da situação proposta, realizadas em grupo, inicia-se o trabalho de decodificação, análise e construção da escrita. Essa metodologia vem dando bons resultados e reduzindo significativamente o número de jovens e adultos não alfabetizados.

Considerando essa situação hipotética, é correto afirmar que o grupo de professores trabalha com uma perspectiva de alfabetização ou letramento que considera essenciais determinadas características. Essas características **não** incluem:

a) o resgate da cultura popular como elemento fundamental no processo de elaboração do saber.

b) a consecução de uma prática pedagógica que considere o jovem e o adulto como construtores de conhecimento.

c) a reprodução do ensino regular de maneira facilitadora para o jovem ou adulto, com a essencial incidência da ação do educador.

d) o estímulo ao trabalho de integração entre a prática e a teoria no processo de alfabetização de jovens e adultos.

e) a contribuição para a compreensão geral do ser humano acerca de si mesmo, como ser social aberto à discussão democrática.

5. Barreto e Barreto (2005) destacam os equívocos relacionados à formação e à prática do professor de EJA. Sobre esses equívocos, analise as afirmativas a seguir:

   I. A formação pode tudo. É um equívoco que nasce da visão autoritária da educação.
   II. A formação antecede a ação. É um equívoco, pois o professor necessita de formação permanente.
   III. Unidade teoria e prática. É um equívoco porque teoria e prática não possuem relação.
   IV. Trabalhar o discurso da moda é um equívoco e traz complicações ao processo educativo.

   Estão corretas as afirmativas:
   a) I, II e III.
   b) I, III e IV
   c) I, II e IV.
   d) I e III.
   e) Todas as alternativas são falsas.

Atividades de aprendizagem

Questão para reflexão

1. Escolha dois programas de EJA no Brasil e descubra o projeto político-pedagógico, os materiais utilizados, a seleção de educadores, a metodologia, o processo de avaliação etc. Em seguida, verifique em que medida há a presença de uma concepção instrumental de educação ou uma concepção dialógica ou, ainda, se há uma prática que revela a presença de elementos de ambas as concepções.

Atividades aplicadas: prática

1. Converse com um(a) educador(a) de jovens e adultos e pergunte sobre sua formação, duração do curso, tempo de sala de aula e

desafios que enfrenta na prática pedagógica. Descreva o diálogo estabelecido com o(a) educador(a) e exercite o agrupamento/análise das respostas.

Sugerimos que você faça anotações sobre a **formação** (se foi presencial, a distância, educação superior, educação básica, ensino técnico, magistério etc.), o **tempo** de formação e de docência (anote se é educador(a) iniciante ou se tem experiência docente superior a 10 anos etc.) e os **desafios** da prática pedagógica na EJA (quanto à valorização como profissional, aos materiais didáticos, à heterogeneidade de turmas, à inclusão de pessoas com deficiência etc.).

2. Observe uma sala de aula de EJA e compare as atitudes do(a) educador(a) com as descritas neste capítulo. Depois, anote os principais desafios que você teria ao trabalhar com jovens e adultos.

Capítulo quatro

Capítulo quarto

Experiências de educação de jovens e adultos no Brasil: final do século XX e início do século XXI

Vários programas de educação de jovens e adultos (EJA) marcam a história da educação brasileira. Eles atendem demandas de movimentos e organizações sociais. Muitos foram criados após 2004, mediante diálogos entre a Secretaria de Educação Continuada, Alfabetização, Diversidade e Inclusão (Secadi), universidades e entidades educacionais. O propósito central deste capítulo é caracterizar alguns desses programas.

Na sequência, descrevemos programas de EJA que foram efetivados por meio de parcerias, sejam entre a sociedade civil organizada e o Poder Público, sejam no interior de uma organização social, caracterizando processos não formais. Entretanto, para garantir a certificação dos alunos da EJA, certamente será necessária a parceria entre o Poder Público e a sociedade/organização/sindicato, universidade etc. que desenvolve o processo pedagógico, haja vista que é de responsabilidade da instância governamental (secretarias estaduais e municipais de educação) a organização do sistema avaliativo da aprendizagem.

É importante mencionar que todos têm *sites* específicos na *web* nos quais é possível obter mais informações sobre o projeto político-pedagógico (PPP), o material pedagógico, a identificação dos parceiros que atuam nos programas, entre outras informações. Lembre-se de ter em mente algumas questões acerca da organização e da prática da EJA no Brasil:

Afinal, quais interesses são atendidos? Quando os interesses da classe trabalhadora são centrais? Quando os interesses do capital estão em primeiro plano? É importante verificar o material didático-pedagógico de cada programa e identificar se há menção a um "sujeito concreto" nas proposições das atividades. Como dissemos em outros capítulos, a EJA tem um sujeito concreto que requer um material didático-pedagógico que leve em conta esse fator.

4.1 Algumas considerações e reflexões

Um programa é um plano que integra vários projetos articulados à obtenção de um resultado em um tempo delimitado, definido. O programa tem uma temática central, por exemplo, a alfabetização, e agrega projetos orientados a esse fim. A própria EJA e os projetos Projovem Urbano e Projovem Campo são exemplos.

Vale destacar que a EJA integrada à formação profissional não pode ser sinônimo de *treinamento*. O que os coletivos de EJA e os pesquisadores defendem é a formação integral, a formação humana. Quanto mais os conteúdos escolares forem vinculados às experiências da vida e às questões do mundo do trabalho, maior será a profundidade do processo formativo.

Sabemos que, nos últimos anos, a EJA como um direito social tem integrado o discurso político nas instâncias governamentais, bem como nas entidades, nas organizações e nos movimentos reivindicatórios da sociedade civil organizada. Em capítulos anteriores, mencionamos o fortalecimento da EJA, particularmente pelo empenho da sociedade civil organizada. Contudo, neste início de século, notamos que há uma infinidade de projetos e programas que têm a EJA como objeto da ação. Nesse sentido, vamos analisar alguns desses programas em desenvolvimento no Brasil, questionando a prática educativa que os sustenta. Afinal, são programas que mudam o rumo da EJA no país ou que têm uma atuação fragmentada, pontual e ainda baseada na ideia de levar a educação a alguém? Desde o financiamento até o material didático-pedagógico, passando pela relação professor-alunos e pelo processo de avaliação do ensino-aprendizagem, o que é modificado na EJA em relação às experiências de meados do século XX? Quanto à relação entre a EJA e a formação profissional, quais programas têm essa perspectiva?

Notamos que essa modalidade da educação básica tem sido praticada por meio das chamadas *parcerias* entre o Poder Público e as organizações da sociedade civil. Como afirmam Haddad e Di Pierro (2000, p. 39),

> as políticas públicas em curso tendem a deslocar a escolarização de jovens e adultos para o terreno dos programas assistenciais que visam atenuar os efeitos perversos da exclusão social. Nesse deslocamento, a responsabilidade pública pela oferta da educação básica à população jovem e adulta vem sendo progressivamente transferida do aparato governamental para a sociedade civil, especialmente por meio das estratégias de convênio com as mais variadas organizações sociais.

Rummert e Ventura (2007, p. 33) afirmam que "uma identidade da EJA" vem se forjando desde 1990; são diferentes órgãos governamentais, diversos programas e projetos que dão essa nova face à EJA, e ela "Passa a apresentar-se de maneira mais ampla, mais fragmentada e mais heterogênea" (Rummert; Ventura (2007, p. 33).

É importante questionar a abrangência social de tais ações, programas e projetos, afinal, o que muda na EJA? Rummert e Ventura (2007, p. 33) acreditam que

> Tais características, entretanto, não alteram sua marca histórica: ser uma educação política e pedagogicamente frágil, fortemente marcada pelo aligeiramento, destinada, predominantemente, à correção de fluxo e à redução de indicadores de baixa escolaridade e não à efetiva socialização das bases do conhecimento. E comprometida com a permanente construção e manutenção da hegemonia inerente às necessidades de sociabilidade do próprio capital e não com a emancipação da classe trabalhadora.

Como observamos, há o reconhecimento da importância dos diversos programas e projetos de EJA, porém eles pouco alteram a estrutura das relações sociais, ou seja, os índices de escolaridade, mas nem sempre alteram a situação de acesso a um conhecimento que fortaleça processos de emancipação da classe trabalhadora. Parece que a EJA caminha voltada ao passado: são os números de reprovados, desistentes, distorção idade-série etc. que levam a sua existência, de modo que a escolaridade possa ter outra "cara" no país.

Não queremos aqui enfatizar uma visão negativa dos programas, mas suscitar o pensamento e a ação a respeito do que pode ser diferente na prática da EJA no país. De onde partimos? Para onde caminhamos? Essas são questões que podem auxiliar na revisão de projetos e programas em andamento.

4.2 Programa Brasil Alfabetizado

O Decreto n. 10.959, de 8 de fevereiro de 2022 (Brasil, 2022a), é o fundamento legal que dispõe sobre o Programa Brasil Alfabetizado. Em seu art. 1º, parágrafo único, expressa que:

> O Programa Brasil Alfabetizado consiste em instrumento complementar para consecução da meta de alfabetização da população com idade igual ou superior a quinze anos que esteja fora das redes regulares de ensino, em conformidade com o Plano Nacional de Educação. (Brasil, 2022a)

O art. 2º dispõe sobre os princípios que regem o Programa, a saber: "I – a integração e a cooperação entre os entes federativos [...]; II – a adesão voluntária dos entes federativos; e III – o alinhamento com a Política Nacional de Alfabetização [...]" (Brasil, 2022a).

As diretrizes do programa estão expostas no art. 3º:

> Art. 3º São diretrizes do Programa Brasil Alfabetizado:
>
> I – a priorização da alfabetização por localidades, regiões ou entes federativos com grandes índices de analfabetismo, considerados os dados mais atualizados do Censo Demográfico e da Pesquisa Nacional por Amostra de Domicílios Contínua da Fundação Instituto Brasileiro de Geografia e Estatística – IBGE;
>
> II – a utilização de Município como base territorial para a execução das ações do Programa Brasil Alfabetizado;

III – a divulgação e o incentivo às práticas de literacia familiar para os atores e os beneficiários do Programa Brasil Alfabetizado;

IV – o incentivo à continuidade aos estudos dos alfabetizandos egressos do Programa Brasil Alfabetizado;

V – o respeito e o suporte às particularidades da alfabetização nas diferentes modalidades especializadas de educação;

VI – o incentivo à identificação de dificuldades de aprendizagem dos alfabetizandos; e

VII – a valorização do alfabetizador como ator voluntário promotor de cidadania. (Brasil, 2022a)

Mas o que caracteriza o Programa Brasil Alfabetizado?

Esse projeto é uma iniciativa governamental elaborada em 2003 e voltada à educação de jovens, adultos e idosos. Esse programa

> recolocou alfabetização de jovens e adultos como prioridade na agenda educacional do País. Ao tomar esta iniciativa, o governo federal chamou para si a responsabilidade política e constitucional de induzir, sustentar e coordenar um esforço nacional para a oferta de alfabetização de qualidade. [...] Desta forma, o Programa Brasil Alfabetizado adotou uma concepção de política pública que reconhece e reafirma o dever do Estado de garantir a educação como direito de todos. Nesta perspectiva republicana e democrática, a alfabetização de jovens e adultos deixou de ser vista como uma ação periférica e compensatória, e passou a constituir-se um dos eixos estratégicos da política educacional do país, integrando-se a outras políticas públicas voltadas para a inclusão dos grupos sociais historicamente excluídos. (Brasil, 2011, p. 6-7)

Entre os seus objetivos estão:

> a) Incentivar o reconhecimento da educação de jovens e adultos como direito;
>
> b) Induzir a institucionalização da educação de jovens e adultos como política pública nos sistemas de ensino;
>
> c) Apoiar a ampliação da oferta e a melhoria da qualidade da educação de jovens e adultos na perspectiva da educação continuada, entendendo a aprendizagem como processo que se dá em diferentes espaços e em todas as dimensões da vida;
>
> d) Promover e valorizar as diferentes formas de educação, formal e não formal, para jovens e adultos. (Brasil, 2011, p. 6)

Em sua origem, no ano de 2003, objetivava:

- ampliar o período de alfabetização de seis até oito meses;
- aumentar 50% os recursos destinados à formação dos alfabetizadores;
- estabelecer um piso para o valor da bolsa paga ao alfabetizador, aumentando a quantidade de turmas em regiões com baixa densidade populacional e em comunidades populares de periferias urbanas;
- implantar um sistema integrado de monitoramento e avaliação do programa;
- estender oportunidade de continuidade da escolarização de jovens e adultos mediante o aumento de 42% para 68% do percentual dos recursos alocados para estados e municípios.

Esse programa representa uma iniciativa governamental, no plano federal, voltada ao segmento de jovens e adultos com vistas à ampliação da escolaridade no país. Quanto ao professor, embora em seus fundamentos façam referência à valorização do alfabetizador, essa função continua sendo atribuída a um educador bolsista.

Em seu art. 4º, o referido Decreto dispõe sobre os atores centrais para que o programa se efetive em diferentes lugares do país, a saber:

> Art. 4º São atores do Programa Brasil Alfabetizado:
>
> I – Secretaria de Alfabetização do Ministério da Educação – unidade responsável pela gestão e pelo monitoramento do Programa Brasil Alfabetizado em âmbito nacional e pela definição dos parâmetros estratégicos, técnicos, operacionais e didáticos do Programa;
>
> II – Fundo Nacional de Desenvolvimento da Educação – FNDE – entidade responsável pela operacionalização do repasse dos recursos orçamentários federais aos entes executores e pela fiscalização da utilização desses recursos;
>
> III – entes executores – entes federativos que aderirem ao Programa Brasil Alfabetizado;

IV – gestor local – servidor público responsável pela instrução do processo de adesão ao Programa Brasil Alfabetizado, pela sua execução e pelo gerenciamento das turmas de alfabetização, na forma prevista neste Decreto e nas normas complementares editadas pela Secretaria de Alfabetização do Ministério da Educação;

V – alfabetizadores – atores voluntários, incluídos aqueles certificados como tradutores intérpretes da Língua Brasileira de Sinais – Libras, previamente habilitados para conduzir as aulas e coordenar as turmas de alfabetização, na forma prevista neste Decreto e nas normas complementares editadas pela Secretaria de Alfabetização do Ministério da Educação; e

VI – colaboradores – atores responsáveis pelo apoio aos gestores locais na operacionalização do Programa Brasil Alfabetizado, inclusive quanto à coordenação das turmas de alfabetização.

No referido Decreto está disposto que o alfabetizado tem atuação voluntária, sem vínculo empregatício. Dispõe, ainda, que a "atuação de professores da rede pública de ensino no Programa será facultativa e, caso o alfabetizador seja servidor público, "as atividades realizadas no âmbito do Programa serão exercidas sem prejuízo das atribuições do cargo ou da função" (Brasil, 2022a).

Uma das novidades do decreto é a disponibilização de materiais de orientação, formação, apoio e avaliação pelo governo federal aos envolvidos no programa.

Rummert e Ventura (2007, p. 36), analisando o Programa Brasil Alfabetizado, afirmam que, mesmo considerando os ajustes feitos a ele,

> o formato do Programa permite que continuem a ser destinados recursos públicos a instituições privadas, o que implica, coerentemente com as teses de redução da presença direta do Estado na área social, a ausência de compromisso com a consolidação da EJA nos sistemas públicos de ensino. Além disso, desvincula as ações de alfabetização da Educação de Jovens e Adultos, posto não haver políticas públicas que assegurem articulação efetiva entre a fase de mobilização – representada pela alfabetização – e a de continuidade, a qual deveria assegurar o acesso universal dos jovens e adultos ao Ensino Fundamental e Médio na modalidade da EJA. Destaca-se, ainda, o fato de que

as ações de alfabetização abrigadas pelo Programa, por serem pulverizadas, sobrepostas e heterogêneas, reforçam um conjunto de práticas que se coadunam com as marcas de diferentes formas de precarização a que estão, em geral, submetidos alfabetizadores e alunos.

Como observamos, o início do século XXI trouxe inúmeras experiências de EJA que estão sendo aperfeiçoadas, mas que parecem repetir práticas que se voltam à mudança numérica da escolaridade no país, não focando questões de acesso ao conhecimento emancipatório. A indagação sobre a dinâmica e a lógica dos programas é importante para fortalecer o debate sobre a educação e o acesso ao conhecimento no país, superando discursos e práticas que têm foco específico nos índices de escolaridade.

Indicações culturais

BRASIL. Decreto n. 10.959, de 8 de fevereiro de 2022. **Diário Oficial da União**, Poder Executivo, Brasília, DF, 9 fev. 2022. Disponível em: <http://www.planalto.gov.br/ccivil_03/_ato2019-2022/2022/decreto/D10959.htm>. Acesso em: 24 mar. 2022.

Consulte o decreto e confira as modificações do Programa Brasil Alfabetizado em relação à sua origem. Verifique também quem são seus atores.

BRASIL. Lei n. 10.880, de 9 de junho de 2004. **Diário Oficial da União**, Poder Legislativo, Brasília, DF, 11 jun. 2004. Disponível em: <http://www.planalto.gov.br/ccivil_03/_ato2004-2006/2004/lei/l10.880.htm>. Acesso em: 24 mar. 2023.

BRASIL. Ministério da Educação. Fundo Nacional de Desenvolvimento da Educação. Resolução n. 5, de 27 de junho de 2022. **Diário Oficial da União**, Brasília, DF, 29 jun. 2022. Disponível em: <https://alfabetizacao.mec.gov.br/images/pdf/pba/resolucao_n_05_junho_2022_PBA.pdf>. Acesso em: 24 mar. 2023.

BRASIL. Ministério da Educação. Fundo Nacional de Desenvolvimento da Educação. Resolução n. 25, de 14 de dezembro de 2018. **Diário Oficial da União**, Brasília, DF, 17 dez. 2018. Disponível em: <https://www.fnde.gov.br/centrais-de-conteudos/publicacoes/category/99-legislacao?download=12820:resolu%C3%A7%C3%A3o-n%C2%BA-25,-de-14-de-dezembro-de-2018>. Acesso em: 24 mar. 2023.

Sobre o Programa Brasil Alfabetizado, há também as normativas que podem ser bastante úteis no estudo.

PARANÁ. Secretaria da Educação. **Educação de jovens e adultos (EJA)**. Disponível em: <http://www.educadores.diaadia.pr.gov.br/modules/conteudo/conteudo.php?conteudo=71>. Acesso em: 24 mar. 2023.

Para entender como se materializa o programa em um dos estados federativos, é possível consultar a Secretaria de Estado da Educação e verificar os editais vinculados ao Programa Brasil Alfabetizado. Aqui deixamos o Estado do Paraná como exemplo. Note que há um *link* específico para informações sobre EJA nas prisões, além de materiais didáticos e indicações sobre os exames estaduais.Você pode procurar em seu município quais são os projetos de EJA em andamento.

Tenha curiosidade, consulte os documentos para identificar a dinâmica do Programa Brasil Alfabetizado!

4.3 Programa Alfabetização Solidária

Esse programa teve início na gestão do governo de Fernando Henrique Cardoso, estando presente desde 1997 nos municípios brasileiros em que os índices de analfabetismo indicados pelo Instituto Brasileiro de Geografia e Estatística (IBGE) são maiores e em municípios que apresentam desempenho mais baixos, medidos pelo Índice de Desenvolvimento Humano (IDH), ou em áreas de bolsões de pobreza de municípios de

IDH médio e alto. O objetivo é reduzir os altos índices de analfabetismo que ainda vigoram no Brasil e no mundo.

Em 1998, foi criada a Associação de Apoio ao Programa Alfabetização Solidária (Aapas), que conta com um estatuto próprio e faz o gerenciamento da alfabetização solidária (Alfasol). A constituição da entidade proporcionou maior autonomia para a captação de recursos destinados à realização da Alfasol e mais agilidade no gerenciamento das atividades empreendidas nesse programa. Todo o trabalho é desenvolvido com base em parcerias mantidas com o Ministério da Educação (MEC), empresas, pessoas físicas, organizações, governos municipais e estaduais, instituições de ensino superior, entre outras.

Entre os objetivos da associação, destacamos:

- Sensibilizar a sociedade civil, bem como organismos governamentais e não governamentais, nacionais, internacionais, estrangeiros, bilaterais e multilaterais para criarem instrumentos que viabilizem programas educacionais de promoção da qualidade de vida das famílias de baixa renda, visando ao desenvolvimento sustentado.
- Manter convênios com entidades de ensino para proporcionar trabalhos de coordenação e alfabetização de toda a comunidade carente.

As ações do Programa Alfabetização de Jovens e Adultos, vinculado ao Alfasol, resumiram-se em: Projeto Nacional, Projeto Grandes Centros Urbanos, Alfabetização nas Empresas, Projeto Ver e Projeto de Complementação Nutricional. O Projeto Nacional oferecia curso de alfabetização inicial a jovens e adultos com baixa escolarização. O Projeto Grandes Centros Urbanos objetivava identificar e atender a população com pouca ou nenhuma escolarização acima de 15 anos, moradora dos grandes centros urbanos e excluída das políticas públicas educacionais. O Projeto Alfabetização nas Empresas tinha como objetivo reduzir o índice de analfabetismo no contexto empresarial e motivar o início ou retomada do processo de escolarização de jovens e adultos trabalhadores.

O Programa Fortalecendo a EJA foi uma das ações desenvolvidas pela associação e procura organizar oficinas de fomento à EJA para gestores municipais, oferecer capacitação de professores dessa modalidade da educação básica e dar apoio à estruturação da EJA nos municípios.

A Aapas constituiu-se como uma organização não governamental (ONG), que materializou a ideia de terceirização das atividades que seriam do Estado, no contexto das reformas dos anos de 1990. O Programa Alfabetização Solidária recebeu várias críticas, entre elas considerar trabalhar de forma terceirizada, fortalecendo as parcerias na efetivação de um direito social. Além disso, foi criticado pela ênfase nos alunos atendidos, em vez de alfabetizados. A terminologia *alunos atendidos* pode deixar dúvidas se é considerado um sujeito que passou pelo programa ou se é alguém que foi, de fato, alfabetizado.

> **Indicação cultural**
>
> NOSSA Entidade: Alfasol – Associação Alfabetização Solidária. 18 out. 2018. Disponível em: <https://www.youtube.com/watch?v=UFrQdYY5GtU>. Acesso em: 24 mar. 2023.
>
> Para conhecer mais sobre a Associação Alfabetização Solidária, assista ao vídeo indicado. Atente-se para o fato de que você está diante da representante da ONG que diz qual é o propósito da instituição. Procure interrogar o que você vê, lê ou vive.

4.4 Programa Nacional de Educação na Reforma Agrária

O Programa Nacional de Educação na Reforma Agrária (Pronera) foi criado no ano de 1998, como instância do gabinete do Ministro Extraordinário da Política Fundiária (MEPF) e do Instituto Nacional de Colonização e Reforma Agrária (Incra).

De certo modo, a criação do Pronera atendeu às demandas dos movimentos sociais do campo, que, no ano de 1997, mediante uma parceria entre o Grupo de Trabalho de Apoio à Reforma Agrária da Universidade de Brasília (UnB), o Movimento dos Trabalhadores Rurais Sem Terra

(MST) e o Fundo das Nações Unidas para a Infância (Unicef), realizaram o I Encontro Nacional de Educadoras e Educadores da Reforma Agrária (Enera). Foi nesse evento que as universidades identificaram projetos nas áreas da EJA, do ensino fundamental, da formação e capacitação técnica de trabalhadores etc. Ainda, diante dos dados do primeiro Censo da Reforma Agrária do Brasil, que evidenciou o alto número de analfabetos nos assentamentos de reforma agrária, era necessário organizar um programa voltado à alfabetização e à escolarização nessas localidades. Foi nesse contexto que surgiu o Pronera, como parceria entre governo, universidades e movimentos sociais do campo.

Esse programa, como comentado, surgiu para atender, especialmente, uma demanda de alfabetização e escolarização de jovens e adultos, mas avançou para a organização de cursos técnicos e licenciaturas, revelando seu potencial no conjunto das políticas públicas que favorecem a continuidade dos estudos pelas pessoas jovens e adultas, trabalhadoras do campo, das águas e das florestas.

O objetivo geral desse programa é: "Fortalecer a educação nas áreas de Reforma Agrária estimulando, propondo, criando, desenvolvendo e coordenando projetos educacionais, utilizando metodologias voltadas para a especificidade do campo, tendo em vista contribuir para a promoção da inclusão social com desenvolvimento sustentável nos Projetos de Assentamento de Reforma Agrária" (Brasil, 2016, p. 18). Entre os objetivos específicos, destacam-se: desenvolvimento de um projeto nacional de EJA, incluindo formação e escolarização dos monitores; oferecimento de formação continuada e escolarização (média e superior) aos educadores do ensino fundamental; oferecimento de formação técnico-profissional com ênfase nas áreas de produção e administração rural e produção de materiais didático-pedagógicos, em todas as áreas prioritárias, com base nas discussões do programa (Brasil, 2016).

Os assentamentos rurais são o lugar de atuação dos projetos vinculados ao Pronera. Eles são selecionados pelas universidades juntamente com os movimentos sociais.

Os pressupostos teórico-metodológicos da EJA centram-se nos seguintes aspectos:

- desenvolvimento do processo educativo a partir de eixos temáticos;
- integração entre os conteúdos escolares e as necessidades identificadas nos assentamentos;
- princípio da interdisciplinaridade;
- princípio da participação ativa do aluno.

As atividades básicas do projeto de educação e capacitação de jovens e adultos são: alfabetização de jovens e adultos dos assentamentos, ensino fundamental sob a modalidade supletiva, capacitação pedagógica de monitores e formação de coordenadores locais de processos comunitários.

O Pronera esteve presente na organização de projetos de alfabetização e escolarização de jovens e adultos em vários estados brasileiros, entre os quais é possível citar: Rio Grande do Sul, Santa Catarina, Paraná, São Paulo, Minas Gerais, Ceará e Sergipe.

Vamos tomar como exemplo o projeto desenvolvido na Região Sul do Paraná, na qual foram realizadas ações de capacitação, escolarização e alfabetização de jovens e adultos. O princípio metodológico central foi o trabalho com temas geradores na perspectiva de Paulo Freire.

Os processos de capacitação e de escolarização foram realizados em encontros organizados bimestralmente e complementados por oficinas realizadas nos assentamentos rurais. Professores e estagiários elaboraram e desenvolveram propostas pedagógicas com base nas necessidades educativas evidenciadas pelos monitores e por jovens e adultos que estavam em processo de alfabetização ou escolarização. Os monitores realizaram a alfabetização nos assentamentos, muitas vezes se dirigindo até as casas dos assentados.

Os encontros de capacitação e escolarização eram momentos de estudo e planejamento de atividades a serem desenvolvidas nos assentamentos, e as oficinas eram momentos para reflexão e replanejamento das atividades educativas a serem efetivadas pelos monitores com os alfabetizandos.

Verifique se no estado em que você mora há ou já houve projetos educacionais vinculados ao Pronera. As secretarias estaduais de educação ou as universidades públicas locais podem fornecer essa informação. Verifique quem participa do projeto e como ocorre seu desenvolvimento pedagógico.

O referido programa representa um avanço para o debate da educação dos povos do campo, mas ele enfrenta problemas frequentes, por exemplo: interrupção no repasse de verbas, dificuldade para a organização de material didático-pedagógico que tenha como base as relações que se passam no contexto da luta pela reforma agrária, diálogo moroso entre movimentos sociais e governos etc. Além disso, o olhar governamental está bastante fundado nas preocupações com o nível de escolaridade.

No caso do Pronera, destacamos o comprometimento dos profissionais de diversas universidades do Brasil, bem como dos movimentos sociais de trabalhadores, o que potencializou o desencadeamento de inúmeras experiências educativas no âmbito da educação básica e da educação superior entre os trabalhadores que lutam pela terra no país. Há de se analisar que esse programa surgiu no contexto dos movimentos que lutam pela terra. A educação é uma luta empreendida no conjunto de outra luta política e social.

Indicações culturais

BRASIL. Ministério do Desenvolvimento Agrário. Instituto Nacional de Colonização e Reforma Agrária. **Pronera**: Programa Nacional de Educação na Reforma Agrária – Manual de Operações. Brasília, 15 jan. 2016. Disponível em: <https://www.gov.br/incra/pt-br/assuntos/reforma-agraria/manual_pronera__18.01.16.pdf>. Acesso em: 24 mar. 2023.

Se você tem curiosidade sobre o Pronera, confira seu Manual de Operações. Existem materiais pedagógicos da EJA publicados pelas instituições envolvidas em projetos vinculados ao Pronera em diversos estados brasileiros.

INTER-AÇÃO. Goiânia, UFG, v. 47, n. 2, maio/ago. 2022. Disponível em: <https://revistas.ufg.br/interacao/issue/view/2324>. Acesso em: 24 mar. 2023.

Você já se perguntou se no município onde mora há turmas de EJA na área rural ou as pessoas utilizam transporte escolar para acessarem esses cursos nas escolas da cidade? Se você quiser se aprofundar no Pronera e na luta da educação do campo, acesse a publicação sugerida.

PRONERA – Programa Nacional de Educação na Reforma Agrária. **Catálogo de projetos do Pronera em execução.** 2022. Disponível em: <https://www.gov.br/incra/pt-br/assuntos/reforma-agraria/Catalogodecursos2.pdf>. Acesso em: 24 mar. 2023.

Nesse catálogo, você pode verificar os projetos que estiveram em execução no ano de 2022 no Brasil. Note que há um projeto de EJA e que todas as instituições envolvidas são universidades públicas federais e algumas poucas estaduais, além de institutos federais e instituições como o Instituto Técnico de Capacitação e Pesquisa da Reforma Agrária (Iterra) e o Instituto Educar, que tradicionalmente trabalham com educação da classe trabalhadora do campo.

4.5 Projovem Campo – Saberes da Terra

O Programa Projovem Campo é voltado à juventude do campo. O seu objetivo é

> contribuir para a formação integral do jovem do campo e potencializar a sua ação no desenvolvimento sustentável e solidário de seus núcleos familiares e comunidades, por meio de atividades curriculares e pedagógicas, em con-

formidade com o que estabelecem as Diretrizes Operacionais para Educação Básica nas Escolas do Campo. (Brasil, 2023c)

Implantado em 2005 e em 2008, teve aproximadamente 19 universidades públicas desenvolvendo 19 projeto, em 19 estados brasileiros. Pertence à Secretaria de Educação Continuada, Alfabetização e Diversidade (Secad), do MEC. O programa teve origem nas experiências acumuladas com o Programa Saberes da Terra, também voltado à EJA.

Em 2023, a função do Projovem Campo – Saberes da Terra é assim definida:

> O ProJovem Campo – Saberes da Terra oferece qualificação profissional e escolarização aos jovens agricultores familiares de 18 a 29 anos que não concluíram o ensino fundamental. O programa visa ampliar o acesso e a qualidade da educação à essa parcela da população historicamente excluída do processo educacional, respeitando as características, necessidades e pluralidade de gênero, étnico-racial, cultural, geracional, política, econômica, territorial e produtivas dos povos do campo. (Brasil, 2023b)

A dinâmica de formação é de 24 meses, incorporando a metodologia de alternância no tempo escola e no tempo comunidade.

Sobre a sistemática de funcionamento, estados, municípios e Distrito Federal podem aderir ao programa desde que tenham maior número de escolas no campo ou sejam integrantes dos territórios da cidadania. Os interessados preenchem um termo de adesão e elaboram um plano de implementação. Tudo é feito eletronicamente mediante acesso ao Sistema Integrado de Monitoramento, Execução e Controle do Ministério da Educação (Simec).

Sobre a organização do programa,

> Os agricultores participantes recebem uma bolsa de R$ 1.200,00 em 12 parcelas e têm de cumprir 75% da frequência. O curso, com duração de dois anos, é oferecido em sistema de alternância – intercalando tempo-escola e tempo-comunidade. O formato do programa é de responsabilidade de cada estado, de acordo com as características da atividade agrícola local. (Brasil, 2023b)

> O governo federal descentraliza recursos para secretarias estaduais de Educação, municípios ou DF desenvolverem o Programa (implementação das

turmas) e para instituições de Ensino Superior Públicas, para formação continuada dos profissionais em exercício efetivo no ProJovem Campo – Saberes da Terra.

[...] Duração de 2.400 h [...]. A forma de organização das turmas e o calendário deverá se ajustar às necessidades locais. Turmas com 25 a 35 educandos.

Deve haver três educadores das áreas de conhecimento do ensino fundamental e um das ciências agrárias, por turma. (Brasil, 2023c)

Quanto à intenção da organização curricular:

Currículo – Integração entre ensino fundamental e qualificação social e profissional, tendo como eixo articulador "Agricultura Familiar e Sustentabilidade", em torno do qual se interconectam 5 eixos temáticos: "Agricultura Familiar, Identidade, Cultura, Gênero e Etnia", "Sistemas de Produção e Processos de Trabalho no Campo", "Cidadania, Organização Social e Políticas Públicas", "Economia Solidária" e "Desenvolvimento Sustentável e Solidário com Enfoque Territorial".

Cadernos Pedagógicos – O Programa conta com Cadernos Pedagógicos específicos para educandos e para educadores, elaborados e distribuídos pela SECAD/MEC. (Brasil, 2023c)

Indicações culturais

BRASIL. Decreto n. 6.629, de 4 de novembro de 2008. **Diário Oficial da União**, Poder Executivo, Brasília, DF, 5 nov. 2008. Disponível em: <http://www.planalto.gov.br/ccivil_03/_ato2007-2010/2008/decreto/d6629.htm>. Acesso em: 24 mar. 2023.

BRASIL. Lei n. 11.692, de 10 de junho de 2008. **Diário Oficial da União**, Poder Legislativo, Brasília, DF, 11 jun. 2008. Disponível em: <http://www.planalto.gov.br/ccivil_03/_ato2007-2010/2008/lei/l11692.htm>. Acesso em: 24 mar. 2023.

BRASIL. Ministério da Educação. Fundo Nacional de Desenvolvimento da Educação. Resolução n. 11, de 6 de setembro de 2017. **Diário Oficial da União**, Brasília, DF, 8 set. 2017. Disponível em: <http://ppsinajuve.ibict.br/jspui/bitstream/123456789/374/1/resolucao_11_2017_MEC.pdf>. Acesso em: 24 mar. 2023.

> BRASIL. Ministério da Educação. Fundo Nacional de Desenvolvimento da Educação. Resolução n. 13, de 10 de setembro de 2021. **Diário Oficial da União**, Brasília, DF, 13 set. 2021. Disponível em: <https://www.fnde.gov.br/index.php/acesso-a-informacao/institucional/legislacao/item/14200-resolu%C3%A7%C3%A3o-n%C2%BA-13,-de-10-setembro-de-2021>. Acesso em: 24 mar. 2023.
>
> Para entender e conhecer mais do Projovem Campo – Saberes da Terra, confira os documentos indicados.

4.6 Programa Nacional de Integração da Educação Profissional com a Educação Básica na Modalidade de Educação de Jovens e Adultos

Diante do quadro de jovens e adultos que ainda não tinham concluído o ensino fundamental, o governo federal institui o Decreto n. 5.478, de 24 de junho de 2005 (Brasil, 2005), depois substituído pelo Decreto n. 5.840, de 13 de julho de 2006 (Brasil, 2006), que implementou no âmbito federal o Programa Nacional de Integração da Educação Profissional com a Educação Básica na Modalidade de Educação de Jovens e Adultos (Proeja).

De acordo com o Decreto n. 5.840/2006:

> Art. 1º Fica instituído, no âmbito federal, o Programa Nacional de Integração da Educação Profissional à Educação Básica na Modalidade de Educação de Jovens e Adultos – PROEJA, conforme as diretrizes estabelecidas neste Decreto.
>
> § 1º O PROEJA abrangerá os seguintes cursos e programas de educação profissional:
>
> I – formação inicial e continuada de trabalhadores; e
>
> II – educação profissional técnica de nível médio.
>
> § 2º Os cursos e programas do PROEJA deverão considerar as características dos jovens e adultos atendidos, e poderão ser articulados:
>
> I – ao ensino fundamental ou ao ensino médio, objetivando a elevação do nível de escolaridade do trabalhador, no caso da formação inicial e continuada de

trabalhadores, nos termos do art. 3o, § 2o, do Decreto n. 5.154, de 23 de julho de 2004; e

II – ao ensino médio, de forma integrada ou concomitante, nos termos do art. 4o, § 1o, incisos I e II, do Decreto n. 5.154, de 2004.

§ 3º O PROEJA poderá ser adotado pelas instituições públicas dos sistemas de ensino estaduais e municipais e pelas entidades privadas nacionais de serviço social, aprendizagem e formação profissional vinculadas ao sistema sindical ("Sistema S"), sem prejuízo do disposto no § 4º deste artigo.

§ 4º Os cursos e programas do PROEJA deverão ser oferecidos, em qualquer caso, a partir da construção prévia de projeto pedagógico integrado único, inclusive quando envolver articulações interinstitucionais ou intergovernamentais.

§ 5º Para os fins deste Decreto, a rede de instituições federais de educação profissional compreende a Universidade Federal Tecnológica do Paraná, os Centros Federais de Educação Tecnológica, as Escolas Técnicas Federais, as Escolas Agrotécnicas Federais, as Escolas Técnicas Vinculadas às Universidades Federais e o Colégio Pedro II, sem prejuízo de outras instituições que venham a ser criadas.

Art. 2º As instituições federais de educação profissional deverão implantar cursos e programas regulares do PROEJA até o ano de 2007.

§ 1º As instituições referidas no **caput** disponibilizarão ao PROEJA, em 2006, no mínimo dez por cento do total das vagas de ingresso da instituição, tomando como referência o quantitativo de matrículas do ano anterior, ampliando essa oferta a partir do ano de 2007.

§ 2º A ampliação da oferta de que trata o § 1º deverá estar incluída no plano de desenvolvimento institucional da instituição federal de ensino.

Art. 3º Os cursos do PROEJA, destinados à formação inicial e continuada de trabalhadores, deverão contar com carga horária mínima de mil e quatrocentas horas, assegurando-se cumulativamente:

I – a destinação de, no mínimo, mil e duzentas horas para formação geral; e

II – a destinação de, no mínimo, duzentas horas para a formação profissional.

Art. 4º Os cursos de educação profissional técnica de nível médio do PROEJA deverão contar com carga horária mínima de duas mil e quatrocentas horas, assegurando-se cumulativamente:

I – a destinação de, no mínimo, mil e duzentas horas para a formação geral;

II – a carga horária mínima estabelecida para a respectiva habilitação profissional técnica; e

III – a observância às diretrizes curriculares nacionais e demais atos normativos do Conselho Nacional de Educação para a educação profissional técnica de nível médio, para o ensino fundamental, para o ensino médio e para a educação de jovens e adultos.

Art. 5º As instituições de ensino ofertantes de cursos e programas do PROEJA serão responsáveis pela estruturação dos cursos oferecidos e pela expedição de certificados e diplomas.

Parágrafo único. As áreas profissionais escolhidas para a estruturação dos cursos serão, preferencialmente, as que maior sintonia guardarem com as demandas de nível local e regional, de forma a contribuir com o fortalecimento das estratégias de desenvolvimento socioeconômico e cultural.

Art. 6º O aluno que demonstrar a qualquer tempo aproveitamento no curso de educação profissional técnica de nível médio, no âmbito do PROEJA, fará jus à obtenção do correspondente diploma, com validade nacional, tanto para fins de habilitação na respectiva área profissional, quanto para atestar a conclusão do ensino médio, possibilitando o prosseguimento de estudos em nível superior.

Parágrafo único. Todos os cursos e programas do PROEJA devem prever a possibilidade de conclusão, a qualquer tempo, desde que demonstrado aproveitamento e atingidos os objetivos desse nível de ensino, mediante avaliação e reconhecimento por parte da respectiva instituição de ensino.

Art. 7º As instituições ofertantes de cursos e programas do PROEJA poderão aferir e reconhecer, mediante avaliação individual, conhecimentos e habilidades obtidos em processos formativos extraescolares.

Art. 8º Os diplomas de cursos técnicos de nível médio desenvolvidos no âmbito do PROEJA terão validade nacional, conforme a legislação aplicável.

Art. 9º O acompanhamento e o controle social da implementação nacional do PROEJA será exercido por comitê nacional, com função consultiva.

Parágrafo único. A composição, as atribuições e o regimento do comitê de que trata o **caput** deste artigo serão definidos conjuntamente pelos Ministérios da Educação e do Trabalho e Emprego. (Brasil, 2006, grifo do original)

O que observamos no programa é a preocupação quanto à integração da educação profissional com a educação básica. Todavia, é importante analisar os projetos em desenvolvimento no país e no estado em que você mora, para verificar a proposta político-pedagógica, os sujeitos envolvidos no processo/na parceria, o material pedagógico, a organização do trabalho pedagógico e a infraestrutura.

> ## Indicações culturais
>
> FRIGOTTO, G.; CIAVATTA, M.; RAMOS, M. A política de educação profissional no Governo Lula: um percurso histórico controvertido. **Educação & Sociedade**, Campinas, v. 26, n. 92, p. 1087-1113, out. 2005. Disponível em: <https://www.scielo.br/j/es/a/ynppThv4sMqrxDRg8XLxjqv/>. Acesso em: 24 mar. 2023.
>
> Se você tem interesse por uma leitura crítica sobre o processo de criação do Proeja, confira esse artigo. Note que a análise ocorre em momento anterior à publicação do Decreto n. 5.840/2006.
>
> MACHADO, M. M. **A gente tem uma experiência muito restrita de oferta da EJA integrada a [sic] educação profissional no país**. Escola Politécnica de Saúde Joaquim Venâncio, 1º jul. 2022. Entrevista. Disponível em: <https://www.epsjv.fiocruz.br/noticias/entrevista/a-gente-tem-uma-experiencia-muito-restrita-de-ofertada-eja-integrada-a-educacao?busca-topo-noticias=A+gente+tem+uma+experi%C3%AAncia+muito+restrita+de+oferta+da+EJA+integrada+a+educa%C3%A7%C3%A3o+profissional+no+pa%C3%ADs>. Acesso em: 24 mar. 2023.
>
> Em 2022, foi publicada entrevista com a Profa. Dra. Maria Margarida Machado pela Escola Politécnica de Saúde Joaquim Venâncio. Se você quiser saber mais sobre o Proeja e sobre a relação entre EJA e educação profissional, confira essa entrevista.

4.7 Movimento de alfabetização de jovens e adultos

A título de facilitar a compreensão da presença do Movimento de alfabetização de jovens e adultos (Mova) no Brasil, indicaremos alguns fatores que o caracterizaram. Ele é fruto da prática educativa empreendida por movimentos sociais no início da década de 1960, como vimos no primeiro capítulo, e tem em Paulo Freire a inspiração teórico-prática. Nesse período, pós-década de 1960, movimentos sociais e administrações populares municipais criaram parcerias visando a um movimento de alfabetização de jovens e adultos, que viria a caracterizar os Movas. A perspectiva pedagógica e política do Mova é pautada na formação cidadã e na alfabetização como ação política e cultural.

O Mova da cidade de São Paulo (Mova-SP) é o pioneiro desse movimento nacional conjunto às administrações populares. Sua efetivação se deu no início de 1990 e, como afirma Gadotti (2005b, p. 93), "é um dos raros exemplos de parceria entre a sociedade civil e o Estado".

Do ponto de vista pedagógico, não houve a preferência por um único método, mas pela valorização do pluralismo, recusando métodos pedagógicos anticientíficos e filosóficos autoritários ou racistas. Predominou, assim, a concepção libertadora de educação,

> evidenciando o papel da educação na construção de um novo projeto histórico, a nossa teoria do conhecimento, que parte da prática concreta na construção do saber, o educando como sujeito do conhecimento e a compreensão da alfabetização não apenas como um processo lógico, intelectual, mas também profundamente afetivo e social. (Gadotti, 2005b, p. 93)

A ideia inicial era de que o Mova pudesse fazer parte de um projeto contínuo da administração municipal em parceria com a sociedade civil, porém, no ano de 1993, o projeto foi extinto com a nova gestão municipal.

Foi um projeto que evidenciou a chamada *parceria entre Estado e sociedade civil*. Como informa Gadotti (2005b, p. 95), "O Estado deve ser o principal articulador, mas não o articulador exclusivo. É preciso um planejamento que compreenda a integração entre as várias esferas de poder, de modo que possam dar conta do conjunto complexo de problemas concernentes à universalização da educação básica". Já à sociedade civil cabe o papel de "contribuir na elaboração e fiscalização das políticas educacionais, bem como na gestão de órgãos responsáveis por sua aplicação [...] em parceria com o Estado, participar do esforço coletivo para a superação do atraso educacional" (Gadotti, 2005b, p. 95).

O que apreendemos com a experiência do Mova foi a possibilidade de articulação entre o Poder Público e a sociedade civil.

Uma das críticas à EJA é justamente o limite dos projetos implantados. A continuidade é pensada, mas, durante o processo de materialização, acaba sofrendo rupturas e rompimentos temporários ou definitivos. Esse é um problema sério, pois a alfabetização de adultos exige um tempo diferente do tempo escolar; há adultos que aprendem de maneira mais rápida e outros que exigem maior atenção e tempo. Muitas vezes, o tempo de um projeto de EJA não é suficiente para atingir o estágio da leitura, da oralidade, da escrita e da interpretação crítica das palavras, das imagens e das ideologias.

O Mova constituiu experiência desenvolvida em diversos municípios brasileiros, a exemplo de: Porto Alegre, Alvorada, Cachoeirinha e Caxias do Sul (RS); São Paulo, Diadema, Embú, Mauá, Guarulhos, São Carlos, Araraquara, Ribeirão Pires e Santo André (SP); Angra dos Reis (RJ), Belém e Cametá (PA); Chapecó, Rio do Sul e Blumenau (SC); Ipatinga (MG), entre outros. Também há projetos como o Mova-Brasil, uma parceria entre o Instituto Paulo Freire (IPF), a Federação Única dos Petroleiros (FUP) e a Petrobras, como parte do Programa Fome Zero; bem como municípios empreendendo o Programa Brasil Alfabetizado, com princípios da educação popular. Ainda, em âmbito estadual, mencionamos os estados do Rio Grande do Sul, Rio de Janeiro, Mato Grosso do Sul e Acre. Outros movimentos sociais de alfabetização de jovens e adultos alicerçados nos mesmos princípios da educação popular libertadora compõem o Mova-Brasil, como o Grupo de Trabalho Pró-Alfabetização do Distrito Federal e Entorno (GTPA/DF), fundado em 1989, mas cujas origens remontam a 1985, com uma experiência em Ceilândia.

No município de Porto Alegre, como relata Borges (2005, p. 97), desde 1989 tem sido desenvolvida "uma proposta político-pedagógica voltada aos interesses e necessidades daqueles cidadãos que não tiveram acesso à educação básica". Trata-se do Serviço de Educação de Jovens e Adultos (Seja), um trabalho que a secretaria de educação da prefeitura municipal dessa cidade desenvolve no âmbito da alfabetização e que é equivalente às quatro primeiras séries do ensino fundamental. Segundo a autora, o referencial teórico baseia-se nos aspectos do cotidiano do trabalhador e de seu mundo do trabalho, em uma oposição ao ensino tradicional; "Os conteúdos são referenciados na experiência de vida do jovem e do adulto, que são produtores de conhecimento e de hipóteses que explicam a realidade" (Borges, 2005, p. 98).

As atividades educacionais são iluminadas pela relação dialógica entre educadores e educandos. Para Borges (2005, p. 99), "o engajamento do professor passa pela reflexão do fazer pedagógico, pela produção coletiva do compromisso com a criação de professores-pesquisadores; cujas ações da prática docente e da pesquisa se interpenetram e se imbricam".

Da mesma forma que existem encontros nacionais de EJA no Brasil desde o ano de 1999, os Movas reúnem-se desde 2001 em encontros nacionais. O primeiro encontro discutiu os conceitos de alfabetização e de parceria, de formação político-pedagógica e avaliação, entre outros temas. No ano de 2002, o encontro retomou os conceitos de parceria e de diversidade na educação. Em 2003, no terceiro encontro, constituiu-se uma rede nacional de Movas, denominada *Mova-Brasil*. De 2004 em diante, é possível notar a ênfase na discussão da política pública de EJA e o papel do Poder Público no financiamento do movimento de alfabetização de jovens e adultos.

Indicação cultural

HISTÓRICO DO MOVA BRASIL. In: ENCONTRO NACIONAL DA REDE MOVA, 5., 2005, Luziânia. Disponível em: <http://forumeja.org.br/node/1194>. Acesso em: 24 mar. 2023.

Nesse texto, é possível conhecer um pouco mais sobre o Mova.

4.8 Educação de jovens e adultos no Movimento dos Trabalhadores Rurais Sem Terra

Antes de entrarmos nesse tema, vamos explicar por que trazer um breve relato das preocupações do MST com a EJA. Esse movimento é responsável por grande parcela do debate atual da educação do campo no Brasil. E a gênese desse debate, quando relacionado ao tema da reforma agrária, reside nas primeiras inquietações trazidas pelo MST acerca da escola, dos professores e da educação entre os assentados e acampados no país.

Seu setor de educação, criado em 1987, cresceu e desenvolveu inúmeras experiências coletivas de educação nos assentamentos e nos acampamentos. Em 1997, fortaleceu as reflexões sobre a EJA no contexto da educação na reforma agrária. Posteriormente, o mesmo movimento potencializou a Conferência Nacional por uma Educação do Campo.

Desse modo, a forte presença do MST nos espaços públicos que expressam lutas sociais por políticas públicas ocorre em razão de sua prática educativa coletiva. É por isso que consideramos necessário revelar uma pequeníssima parcela do que pratica o MST na esfera educacional; uma luta pela ampliação do acesso e da permanência dos trabalhadores na escola pública, por uma educação que tenha relação com o modo de vida e de produção na terra.

Essas raízes são formadas pela certeza da necessidade e da possibilidade de uma educação diferenciada para as crianças dos acampamentos e dos assentamentos, que esteja vinculada aos aspectos da realidade vivida pelos trabalhadores sem terra (terra e trabalho); pela experiência coletiva com a educação, a formação, a capacitação e a luta pela conquista da escola no assentamento; pela visibilidade do analfabetismo no campo com possibilidades de sua superação, não meramente pela ação do movimento social, mas pela responsabilidade do Estado com a educação.

A EJA está vinculada ao MST pelos seguintes aspectos:

- aquisição de conhecimento pelo acesso à leitura e à escrita;
- busca de emancipação dos trabalhadores por eles próprios;
- busca de possibilidades na prática social dos camponeses, evidenciando quais são as modificações que ocorrem com base na experiência individual e coletiva;
- o lugar dos mediadores que fazem a EJA junto com os movimentos sociais.

A EJA no MST agrega dois conceitos e dimensões sociais – **terra e trabalho** – desde uma perspectiva crítica na educação. A terra e o trabalho têm o sentido da prática social. Na identificação dos temas geradores, marcante na prática educativa, encontram-se esses dois assuntos, que são evidentes na trajetória de vida de todos os trabalhadores. Na sociedade capitalista, cada situação vivida no contexto das relações sociais de produção pode ser lembrada e analisada como ponto de partida para a EJA e para a construção da identidade coletiva dos sujeitos sociais.

Mas o que faz do MST um dos sujeitos centrais na luta pela EJA? Devemos dizer que a reforma agrária não pode ser viabilizada sem a efetivação dos direitos sociais garantidos constitucionalmente; educação, transporte, saúde, alimentação são alguns direitos básicos à vida. Na organização da cooperação nos assentamentos, a escolarização é elemento essencial, ao lado da infraestrutura econômica e dos conhecimentos político-ideológicos. Assim, os princípios filosóficos e pedagógicos fundantes da educação no MST foram organizados para direcionar as ações educativas (MST, 1997).

Cada um dos princípios presentes no MST expressa características da educação dialógica e problematizadora proposta por Paulo Freire. A defesa da transformação, da cooperação e da valorização do humano é essencial para uma pedagogia diferenciada da oficial.

Nesse sentido, cabe tentar compreender como esses princípios estão presentes no cotidiano da escola no assentamento e no acampamento. A EJA é organizada em pequenos grupos, em salas de aulas das escolas localizadas nos assentamentos, em espaços coletivos provisórios ou nas próprias casas dos educandos. A distância percorrida pelo jovem e/ou adulto, bem como pelo educador/monitor da EJA, é significativa, na maioria dos casos. Os materiais didáticos são organizados pelo educador/monitor dependendo da localidade em questão (aspectos visíveis da realidade). A ideia é que os conteúdos, as metodologias e os materiais didáticos tenham relação com o cotidiano e com o trabalho dos educandos.

Há uma idealização de que no MST as propostas educacionais são diferentes, transformadoras etc. Os princípios que norteiam a ação são críticos, no entanto, as experiências coletivas são carregadas dos problemas históricos que envolvem a educação brasileira. O diferente é que, no MST, existem variadas experiências, planejamentos, discussões coletivas. A formação contínua é gerada e alimentada pela prática social; os conhecimentos são atualizados no estudo dos autores clássicos e no encontro com a produção científica atual. A realização de análises de conjunturas no processo de formação contínua provoca a atitude de reflexão sobre os acontecimentos cotidianos da sociedade brasileira relacionados às características estruturais.

O desafio central é articular os conhecimentos adquiridos nos processos de formação contínua com os saberes construídos no dia a dia daqueles que trabalham de sol a sol. A prática educativa emancipatória surge no processo de pesquisa; assim, a atitude de investigação constante (da ação dos trabalhadores, com eles) é um dos motores no sucesso da EJA, ao lado de todas as experiências coletivas empreendidas.

> **Indicação cultural**
>
> RIBEIRO, D. **Com método cubano, Sem Terra buscam erradicar analfabetismo. MST – Movimento dos Trabalhadores Rurais Sem Terra**, 14 jan. 2015. Disponível em: <https://mst.org.br/2015/01/14/com-metodo-cubano-sem-terra-buscam-erradicar-analfabetismo/>. Acesso em: 24 mar. 2023.
>
> Esse vídeo apresenta depoimentos de diversos educandos, enfatizando que sempre é tempo de aprender, sempre é tempo de estudar.

4.9 Breve síntese de outros programas de EJA

Além dos programas comentados nas seções anteriores, outros que merecem menção são:

- **Programa de Apoio aos Sistemas de Ensino para Atendimento à Educação de Jovens e Adultos (Peja)** – Foi criado para aumentar a matrícula de jovens e adultos nos ensinos fundamental e médio. Os documentos que o regulamentam são:
    - **Lei n. 10.880, de 9 de junho de 2004**
      "Institui o [...] Programa de Apoio aos Sistemas de Ensino para Atendimento à Educação de Jovens e Adultos [...]" (Brasil, 2004, ementa).
    - **Resolução n. 48, de 2 de outubro de 2012**
      "Estabelece orientações, critérios e procedimentos para a transferência automática de recursos financeiros aos estados, municípios e Distrito Federal para manutenção de novas turmas de Educação de Jovens e Adultos, a partir do exercício 2012." (Brasil, 2012, ementa).
    - **Resolução n. 5, de 31 de março de 2017**
      "Estabelece orientações, critérios e procedimentos para a transferência de recursos financeiros aos estados, municípios e Distrito Federal para manutenção de novas turmas de Educação de Jovens e Adultos a partir de 2017." (Brasil, 2017a, ementa).

- **Resolução n. 25, de 14 de dezembro de 2018**
  "Estabelece orientações, critérios e procedimentos para a utilização dos saldos financeiros nas contas dos estados, dos municípios e do Distrito Federal transferidos no âmbito do Programa Brasil Alfabetizado na manutenção de novas turmas de alfabetização na Educação de Jovens e Adultos e altera a Resolução CD/FNDE nº 9, de 16 de dezembro de 2016." (Brasil, 2018, ementa).

- **Resolução n. 11, de 7 de outubro de 2020**
  "Estabelece os procedimentos para a utilização dos saldos financeiros existentes nas contas dos estados, dos municípios e do Distrito Federal, oriundos de transferências anteriores do Programa de Apoio aos Sistemas de Ensino para Atendimento à Educação de Jovens e Adultos – PEJA." (Brasil, 2020b, ementa).

- **Resolução n. 7, de 27 de junho de 2022**
  "Altera a Resolução nº 11, de 7 de outubro de 2020." (Brasil, 2022b, ementa).

- **Programa Nacional de Inclusão de Jovens (Projovem Urbano)** – Trata-se de

  um programa educacional destinado a jovens com 18 a 29 anos residentes em áreas urbanas que, por diversos motivos, foram excluídos da escolarização, com o objetivo de reintegrá-los ao processo educacional, elevar sua escolaridade e promover sua formação cidadã e qualificação profissional, por meio de curso com duração de dezoito meses. (Projovem..., 2018)

Os seguintes documentos são vinculados a esse programa:

- **Lei n. 11.692, de 10 de junho de 2008**

  "Dispõe sobre o Programa Nacional de Inclusão de Jovens – Projovem, instituído pela Lei n. 11.129, de 30 de junho de 2005; altera a Lei nº 10.836, de 9 de janeiro de 2004; revoga dispositivos das Leis nos 9.608, de 18 de fevereiro de 1998, 10.748, de 22 de outubro de 2003, 10.940, de 27 de agosto de 2004, 11.129, de 30 de junho de 2005, e 11.180, de 23 de setembro de 2005; e dá outras providências." (Brasil, 2008b, ementa).

- **Decreto n. 6.629, de 4 de novembro de 2008**

    "Regulamenta o Programa Nacional de Inclusão de Jovens – Projovem, instituído pela Lei n. 11.129, de 30 de junho de 2005, e regido pela Lei n. 11.692, de 10 de junho de 2008, e dá outras providências." (Brasil, 2008a, ementa).

- **Resolução n. 8, de 16 de abril de 2014**

    "Estabelece os critérios e as normas para a transferência automática de recursos financeiros ao Distrito Federal, aos estados e aos municípios para o desenvolvimento de ações do Programa Nacional de Inclusão de Jovens – Projovem Urbano, para o ingresso de estudantes a partir de 2014." (Brasil, 2014b, ementa).

- **Resolução n. 11, de 6 de setembro de 2017**

    "Estabelece critérios e normas para os entes federados que dispõem de saldo na conta específica do Programa Nacional de Inclusão de Jovens – Projovem Urbano e desejam participar de edição especial do Programa para entrada de estudantes em 2017 e altera a Resolução n. 41, de 24 de agosto de 2012." (Brasil, 2017b, ementa).

- **Resolução n. 13, de 10 de setembro de 2021**

    "Estabelece normas e procedimentos para a utilização pelos Estados, pelo Distrito Federal e pelos Municípios, dos saldos financeiros do Programa Nacional de Inclusão de Jovens – Projovem, nas modalidades Urbano e Campo – Saberes da Terra, nas ações da edição 2021, e altera as Resoluções CD/FNDE n. 11, de 6 de setembro de 2017, e n. 13, de 21 de setembro de 2017." (Brasil, 2021b, ementa).

É importante notar que a maioria dos programas de EJA foi criado antes da publicação do Plano Nacional de Educação (PNE – 2014-2024), o que evidencia a preocupação do Brasil com essa modalidade educacional.

No *4º relatório global sobre aprendizagem e educação de adultos*, da Organização das Nações Unidas para a Educação, a Ciência e a Cultura (Unesco), estão registrados os avanços da EJA no mundo. Ao analisar esse relatório, é possível perceber as desigualdades que permeiam esse segmento; no Brasil, mesmo com o registro de avanços, há desafios em áreas rurais distantes dos centros ou núcleos urbanos, bem como com dificuldade de acesso ou nenhum acesso à rede de internet (Unesco, 2020). Portanto, a utilização da educação a distância e das tecnologias educacionais na oferta da EJA exige uma política de acesso à rede de telefonia, bem como infraestrutura, computadores e orientação para realização de estudos a distância.

A sociedade civil (organizações sociais e ONGs) tem sido fundamental no avanço da EJA. Segundo o referido relatório, 40% de 149 países afirmaram haver progressos na cooperação com a sociedade civil na realização da EJA (Unesco, 2020).

O relatório ainda destaca que:

> No Brasil, uma pesquisa realizada em 2016 pelo Ministério da Educação constatou que 380 milhões de reais (cerca de US $97 milhões na taxa de câmbio média de 2018) permaneceram nas contas estaduais e municipais em decorrência de gastos insuficientes com o **Programa Brasil Alfabetizado**, Programa Nacional de Inclusão Juvenil, o Projovem e o apoio às turmas de educação de jovens e adultos. Havia recursos nas contas, que não foram utilizados, portanto, seriam devolvidos ao tesouro nacional. (Unesco, 2020, p. 61)

Na América Latina, segundo o relatório, 88% dos países relataram haver melhorias na qualidade da EJA (Unesco, 2020).

O Brasil é o quarto país em maior acesso a programas de educação primária de adultos na América Latina e Caribe, seguido do México, da Colômbia e de Honduras, que estão nos três primeiros lugares em matrículas. Já no acesso a programas de educação secundária de adultos na América Latina e Caribe, o Brasil está em oitavo lugar, com a porcentagem de 4,3% de matrículas. Os primeiros seis países em matrícula no secundário são: Bolívia, Equador, Colômbia, República Dominicana, Peru, México e Panamá (Unesco, 2020).

Indicações culturais

CASTRO, T. Cooperação internacional para alfabetização. **Cenpec**, 6 maio 2019. Entrevista. Disponível em: <https://www.cenpec.org.br/acervo/alfabetizacao-de-jovens-e-adultos-cooperacao-brasil-sao-tome-e-principe>. Acesso em: 24 mar. 2023.

Nesse vídeo, a professora Claudia Lemos Vóvio, coautora do livro *Viver, aprender: educação de jovens e adultos*, publicado em 2006, relata a experiência de EJA em São Tomé e Príncipe.

PARANÁ. Secretaria da Educação e do Esporte. **Educação de jovens e adultos**. Disponível em: <https://www.educacao.pr.gov.br/EJASeed>. Acesso em: 25 dez. 2022.

Sugerimos que você consulte as páginas das secretarias estaduais de educação e veja as políticas para EJA. Aqui, deixamos como exemplo a do Estado do Paraná.

SISTEMA FIEP. **Educação de jovens e adultos**. Disponível em: <https://www.sistemafiep.org.br/eja/>. Acesso em: 24 mar. 2023.

Você pode consultar as ofertas de EJA em instituições particulares de ensino acessando as respectivas páginas na *web*. Por exemplo: busque "EJA Uninter" e você identificará a política que orienta a oferta da EJA e a sistemática para escolarização. Aqui, indicamos o *site* do Sistema Fiep.

UNESCO – Organização das Nações Unidas para a Educação, a Ciência e a Cultura. **4º relatório global sobre aprendizagem e educação de adultos**: não deixar ninguém para trás; participação, equidade e inclusão. Brasília, 2020. Disponível em: <https://unesdoc.unesco.org/ark:/48223/pf0000374407>. Acesso em: 24 mar. 2023.

Confira alguns dados sobre a EJA no Brasil e em outros países.

> UNIVESP – Universidade Virtual do Estado de São Paulo. **Educação Brasileira 189 – Maria Clara di Pierro**. 12 dez. 2014. Disponível em: <https://www.youtube.com/watch?v=8jW109mSfdw>. Acesso em: 24 mar. 2023.
>
> O vídeo traz uma entrevista com a professora Maria Clara Di Pierro sobre a EJA no Brasil. Ela é coautora do livro *A EJA em xeque: desafios das políticas de educação de jovens e adultos no século XXI*, publicado em 2014.

Síntese

Neste capítulo, abordamos alguns programas e experiências voltados à EJA, à profissionalização, à maior inserção do jovem nas relações sociais e de trabalho que demonstram as lutas pela educação no Brasil, como o Programa Brasil Alfabetizado, o Programa Alfabetização Solidária, o Pronera, o Projovem Campo – Saberes da Terra, o Proeja, os Movas, as práticas educativas no MST, entre outros.

Todos esses programas revelam que as lutas sociais geraram iniciativas governamentais visíveis, uma vez que a parceria é marca fundamental deles. Essas experiências acontecem em todos os cantos do Brasil, mas, infelizmente, apresentam rupturas e descontinuidades que, às vezes, prejudicam seu funcionamento normal, a exemplo da interrupção no repasse de verbas.

Atividades de autoavaliação

1. Os programas de jovens e adultos foram ampliados nos últimos anos no Brasil. De acordo com o conteúdo estudado neste capítulo, assinale a alternativa que indica um fator que justifica o crescimento do número de programas de EJA no Brasil:

    a) A persistência dos índices de analfabetismo e a baixa escolaridade da população brasileira (média de 9,4 anos de estudo).

b) A demanda dos jovens que deixaram a educação regular para adentrar as classes de EJA no período noturno, optando por um ensino menos exigente.

c) A existência de muitos analfabetos no meio rural brasileiro, ao contrário do que ocorre no espaço urbano.

d) As provas dissertativas realizadas na educação fundamental e no ensino médio que afastam os alunos das escolas.

e) A atuação empresarial na área da EJA que substituiu o papel do Estado.

2. O Programa Brasil Alfabetizado é uma iniciativa do governo _____ e objetiva a ampliação da _____ no país. Assinale a alternativa que menciona as duas palavras que complementam corretamente a frase:

a) estadual; escola.
b) federal; escolaridade.
c) municipal; formação.
d) estadual; escolaridade.
e) do Distrito Federal; EJA.

3. No Brasil, existem diversos programas de EJA. Eles são caracterizados por _____ entre governos e sociedade civil organizada. Assinale a alternativa que completa corretamente a frase:

a) práticas.
b) experiências.
c) divisores.
d) parcerias.
e) disputas.

4. Dos programas estudados neste capítulo, dois dão atenção específica aos jovens e adultos da área rural. Assinale a alternativa que apresenta corretamente o nome desses programas:

a) Projovem Campo e Projovem Urbano.
b) Projovem Campo e Pronera.
c) Alfabetização Solidária e Projovem Urbano.
d) Pronera e Mova Brasil.
e) Alfabetização Solidária e Projovem Urbano.

5. As políticas educacionais são efetivadas mediante programas constituídos por vários projetos. Marque a alternativa que apresenta programa(s) relacionado(s) à área da EJA:

a) Projovem Urbano.
b) Projovem Campo.
c) Programa Brasil Alfabetizado.
d) Pronera.
e) Todas as alternativas anteriores estão corretas.

Atividades de aprendizagem

Questões para reflexão

1. Escolha um programa de EJA e identifique suas características. Procure anotar os objetivos do programa e as críticas feitas a ele, se existirem. Você pode consultar artigos que tratam do programa escolhido em plataformas como a SciElo.
2. Analise o material pedagógico de um programa de EJA e verifique quais são os temas sugeridos para o trabalho nas turmas em uma série específica e em uma área do conhecimento (humanas, exatas, ciências da natureza). Anote quais dificuldades você teria para trabalhar nesse contexto. (Exemplos de programas: Projovem, Pronera, Brasil Alfabetizado etc.).

Atividade aplicada: prática

1. Identifique o coordenador pedagógico de um projeto de EJA em sua localidade. Converse com ele sobre as vantagens e as desvantagens da EJA no conjunto da educação brasileira. Procure analisar os prós e os contras desse projeto.

Considerações finais

Vamos fazer agora uma retrospectiva do conteúdo desta obra e anunciar outros assuntos que precisam ser analisados quando falamos da educação de jovens e adultos (EJA).

Em primeiro lugar, devemos localizar a EJA historicamente no cenário das relações econômicas, políticas e sociais da sociedade brasileira. A educação de adultos foi se constituindo como preocupação concomitante às discussões em torno da educação elementar na condição de bem acessível a toda a população. Assim, somente no século XX, diante das mudanças na economia – com o início da industrialização – e das manifestações de movimentos populares, a educação de adultos conquistou especificidade e lugar na legislação como ensino supletivo. Também foi bastante problematizada pelos movimentos sociais que a reivindicam como direito social.

Em segundo lugar, é importante lembrar que a EJA, inicialmente, foi pensada como educação de adultos no âmbito da educação popular. Desse modo, foi por meio do crescente número de jovens analfabetos ou com a escolaridade incompleta e diante da preocupação internacional com a educação como direito de todos que a EJA foi se constituindo como um campo pedagógico. São fatores externos (conferências mundiais) e internos (grave situação de analfabetismo, escolaridade incompleta e constantes demandas dos movimentos sociais) que inserem a EJA no contexto da legislação educacional recente e da articulação entre governos e sociedade civil na junção de forças para superar a situação de baixa escolaridade e qualidade educacional no país.

No debate sobre a identidade da EJA, temos a dimensão política, expressa na constituição dessa modalidade como objeto de atenção das instâncias governamentais e dos movimentos sociais populares. A educação de adultos, vista como meio de desenvolvimento da consciência crítica, é uma evidência de sua dimensão política, muito discutida na obra de Paulo Freire. Existe também a dimensão da necessidade de aprendizagem, pois aos educadores da EJA cabe o desafio de ampliar seus "conhecimentos gerais" a respeito da sociedade para, então, construir uma metodologia dialógica com os educandos e atender às necessidades deles, muitas vezes voltadas ao mercado de trabalho. Por fim, existe a dimensão cognitiva, em que o desafio do educador é estabelecer relações entre os conhecimentos já trazidos pelos educandos – de sua experiência de vida e de mundo do trabalho – e os conhecimentos gerais que são almejados pelos alunos nos bancos escolares.

As diretrizes curriculares da EJA, as metas previstas no Plano Nacional de Educação (PNE) e as reivindicações de educadores e educandos em fóruns e encontros nacionais têm destacado as três ideias-força citadas anteriormente. Ainda que as iniciativas sejam tímidas, não podemos negar sua existência. Mesmo que muitos projetos e experiências de EJA carreguem concepções assistencialistas, o importante é que elas existem e podem ser debatidas nos fóruns públicos destinados a essa modalidade educacional. Se existirem, tais experiências podem ser questionadas e superadas por outras que estejam mais de acordo com o que desejam jovens e adultos.

Em terceiro lugar, cabe destacar que a formação e a prática do educador da EJA têm sido o foco das atenções nas últimas décadas, ao lado da preocupação com as características das parcerias em vigência na sociedade brasileira. Existem pesquisas de mestrado e doutorado que relatam experiências de formação de educadores e experiências educativas com pessoas jovens e adultas. Há trabalhos que tratam da democratização da sociedade e da ampliação dos diálogos entre governos e sociedade civil na constituição de parcerias e convênios técnicos. Para maior aprofundamento da temática, é necessário que estudemos textos apresentados nas reuniões anuais da Associação Nacional de Pós-Graduação em Educação (Anped), especificamente o Grupo de Trabalho (GT) 18 – Educação de pessoas jovens e adultas. Lá estão os trabalhos mais recentes sobre a EJA no Brasil, entre os quais estão Jane Paiva, Maria Clara Di Pierro, Maria Margarida Machado, Sérgio Haddad, Vera Ribeiro, entre outros estudiosos da EJA no Brasil.

É importante ressaltar que, aos professores que atuam na formação de educadores de EJA, está posto o desafio de discutir conteúdos e conhecimentos necessários a essa modalidade de educação, em especial aqueles que dizem respeito à conjuntura política e econômica da sociedade, ao mundo do trabalho, às relações humanas etc. Portanto, cada vez mais os manuais didáticos não podem dar conta de oferecer possibilidades de relacionamento entre os conteúdos do mundo da vida e aqueles do mundo escolar, em razão da dinâmica societária formar--se e transformar-se rapidamente. Aos educadores da EJA, impõe-se, pois, o desafio de participar da construção de uma sociedade e de uma educação mais democrática e crítica, tendo como ponto de partida o estudo e a investigação das especificidades dos alunos com os quais trabalham. À sociedade civil, cabe participar da gestão pedagógica e financeira da educação pública, bem como acompanhá-la e propor novas formas de aprendizagem e de valorização dos espaços educativos não formais como lugares de aprendizagem. Aos governos, compete a tarefa de implementar o discurso político e as metas traçadas para a educação pública. Aos educandos, resta o desafio de fortalecer a busca por novos conhecimentos e pela ampliação da participação sociopolítica.

Assim, chegamos ao fim de mais uma jornada de trabalho no debate em torno da EJA. você pode estar se perguntando: Afinal, quais são os conteúdos que devem ser trabalhados na EJA?

Em cada localidade do Brasil, existe um projeto de EJA e, com ele, um projeto político-pedagógico (PPP) no qual são listados os conteúdos necessários a cada etapa da aprendizagem. Todavia, diante de tudo o que discutimos, não é uma lista de conteúdos que fornecerá um processo crítico de EJA. É preciso investigar quem são os sujeitos da

EJA e quais conhecimentos podem ser trabalhados na aula diante de seus contextos socioculturais. Cabe ao educador conhecer um pouco da realidade dos alunos, estudar os conteúdos propostos, pensar nas especificidades dos educandos em relação a sua faixa etária e propor temas que estimulem jovens e adultos, que atendam a suas necessidades educativas. Para isso, não há receita. Há, sim, atitudes que o professor deve perseguir: de investigação e de escuta, para, então, de maneira individual ou coletiva, tomar a decisão sobre o que, como e quando ensinar, em função das intencionalidades do processo pedagógico. Nesse contexto, cabe às instâncias governamentais o incentivo à prática de estudos coletivos entre os professores que trabalham com a EJA.

Cada região tem sua particularidade, mas, no contexto das adversidades do país, encontramos os mesmos aspectos contraditórios nos mais variados cantos, como o contraste entre ricos e pobres; aqueles que moram e aqueles que perambulam; os que estudam e aqueles em situação de analfabetismo; pessoas que vendem a força de trabalho e pessoas que são donas dos meios de produção; indivíduos que se alimentam adequadamente e outros que passam fome etc. Poderíamos seguir com essa lista de aspectos comuns à sociedade brasileira, que, em uma perspectiva crítica de educação, não podem ser deixados de lado, pois fazem parte da realidade concreta vivida pelo trabalhador.

Mais uma vez, é importante lembrar que a educação é um ato de conhecimento. Conhecer permite criar argumentos e agir de forma autônoma sobre o processo educativo, e agir de forma autônoma implica conhecer a legislação, as diretrizes curriculares, as necessidades dos educandos etc. para, então, tomar uma decisão.

Por fim, cabe dizer que o desafio atual da sociedade brasileira não é propor mais metas para a educação ou mais projetos de EJA, mas sim avaliar os impactos qualitativos das experiências existentes em cada canto do país.

Que tal você começar a estudar os projetos de EJA em sua localidade?

Bom estudo!

Lista de siglas

Aapas	Associação de Apoio ao Programa Alfabetização Solidária
Acar	Associação de Crédito e Assistência Rural
ADCT	Ato das Disposições Constitucionais Transitórias
Alfasol	Alfabetização Solidária
Anped	Associação Nacional de Pós-Graduação em Educação
BNCC	Base Nacional Comum Curricular
CEA	Campanha de Educação de Adultos
CEAA	Campanha de Educação de Adolescentes e Adultos
CBAR	Comissão Brasileiro-Americana de Educação das Populações Rurais
CEEBJA	Centro de Educação de Jovens e Adultos
CNBB	Conselho Nacional dos Bispos do Brasil
CNE	Conselho Nacional de Educação
CNEA	Campanha Nacional de Erradicação do Analfabetismo
CNER	Campanha Nacional de Educação Rural
Confintea	Conferência Internacional de Educação de Adultos

DCN	Diretrizes Curriculares Nacionais
GTPA/DF	Grupo de Trabalho Pró-Alfabetização do Distrito Federal e Entorno
IDH	Índice de Desenvolvimento Humano
IPF	Instituto Paulo Freire
EaD	Ensino a distância
EJA	Educação de jovens e adultos
Emater	Empresa de Assistência Técnica e Extensão Rural
Eneja	Encontro Nacional de Educação de Jovens e Adultos
Enera	Encontro Nacional de Educadoras e Educadores da Reforma Agrária
FNDE	Fundo Nacional de Desenvolvimento da Educação
FNEP	Fundo Nacional do Ensino Primário
Fundeb	Fundo de Manutenção e Desenvolvimento da Educação Básica e de Valorização dos Profissionais da Educação
Fundef	Fundo de Manutenção e Desenvolvimento do Ensino Fundamental e de Valorização do Magistério
FUP	Federação Única dos Petroleiros
IBGE	Instituto Brasileiro de Geografia e Estatística
ICMS	Imposto sobre Operações relativas à Circulação de Mercadorias e sobre Prestações de Serviços de Transporte Interestadual e Intermunicipal e de Comunicação
IDH	Índice de Desenvolvimento Humano
Inaf	Indicador de Alfabetismo Funcional
Incra	Instituto Nacional de Colonização e Reforma Agrária

Inep	Instituto Nacional de Estudos e Pesquisas Educacionais Anísio Teixeira
IPF	Instituto Paulo Freire
Iseb	Instituto Superior de Estudos Brasileiros
Iterra	Instituto Técnico de Capacitação e Pesquisa da Reforma Agrária
LDBEN	Lei de Diretrizes e Bases da Educação Nacional
MCP	Movimento de Cultura Popular
MEB	Movimento de Educação de Base
MEC	Ministério da Educação
MEPF	Ministro Extraordinário da Política Fundiária
Mobral	Movimento Brasileiro de Alfabetização
Mova	Movimento de alfabetização de jovens e adultos
MST	Movimento dos Trabalhadores Rurais Sem Terra
ONG	Organização não governamental
Peja	Programa de Apoio aos Sistemas de Ensino para Atendimento à Educação de Jovens e Adultos
PNA	Política Nacional de Alfabetização
PNAC	Programa Nacional de Alfabetização e Cidadania
PNAD Contínua	Pesquisa Nacional por Amostra de Domicílios Contínua
PNE	Plano Nacional de Educação
PNLD	Programa Nacional do Livro Didático
PPP	Projeto político-pedagógico
Proeja	Programa Nacional de Integração da Educação Profissional com a Educação Básica na Modalidade de Educação de Jovens e Adultos
Projovem	Programa Nacional de Inclusão de Jovens
Pronera	Programa Nacional de Educação na Reforma Agrária
Secad	Secretaria de Educação Continuada, Alfabetização e Diversidade

Secadi	Secretaria de Educação Continuada, Alfabetização, Diversidade e Inclusão
Seja	Serviço de Educação de Jovens e Adultos
Simec	Sistema Integrado de Monitoramento, Execução e Controle do Ministério da Educação
Sinaeb	Sistema Nacional de Avaliação da Educação Básica
TIC	Tecnologia de informação e comunicação
Unesco	Organização das Nações Unidas para a Educação, a Ciência e a Cultura
Unicef	Fundação das Nações Unidas para a Infância
Usaid	Agência Norte-Americana para o Desenvolvimento Internacional

Referências

ARROYO, M. G. Balanço da EJA: o que mudou nos modos de vida dos jovens-adultos populares? **REVEJ@ – Revista de Educação de Jovens e Adultos**, Belo Horizonte vol. 1, p. 5-19, ago. 2007. Disponível em: <https://nedeja.uff.br/wp-content/uploads/sites/223/2020/05/Balano-da-EJA-MiguelArroyo.pdf>. Acesso em: 5 jul. 2023.

ARROYO, M. G. **Passageiros da noite**: do trabalho para a EJA – itinerários pelo direito a uma vida justa. Petrópolis: Vozes, 2017.

ARROYO, M. G. Paulo Freire: outro paradigma pedagógico? **EDUR – Educação em Revista**, Belo Horizonte, v. 35, p. 1-20, jan./dez. 2019. (Dossiê: Paulo Freire – o legado global). Disponível em: <https://www.scielo.br/j/edur/a/yntcdQPN9668CrYfmw6QTcQ/?lang=pt>. Acesso em: 14 abr. 2023.

BARRETO, J. C.; BARRETO, V. A formação dos alfabetizadores. In: GADOTTI, M.; ROMÃO, J. E. (Org.). **Educação de jovens e adultos**: teoria, prática e proposta. 7. ed. São Paulo: Cortez, 2005. p. 79-87.

BEISIEGEL, C. de R. A política de educação de jovens e adultos analfabetos no Brasil. In: OLIVEIRA, D. A. (Org.). **Gestão democrática da educação**: desafios contemporâneos. Petrópolis: Vozes, 1997. p. 207-245.

BORGES, L. O Seja de Porto Alegre. In: GADOTTI, M.; ROMÃO, J. E. (Org.). **Educação de jovens e adultos**: teoria, prática e proposta. 7. ed. São Paulo: Cortez, 2005. p. 97-100.

BRANDÃO, C. R. A educação popular e a educação de jovens e adultos: antes e agora. In: MACHADO, M. M. (Org.). **Formação de educadores de jovens e adultos**: II Seminário Nacional. Brasília: Secad/MEC; Unesco, 2008. p. 17-55.

BRANDÃO, C. R. **O que é método Paulo Freire**. 13. ed. São Paulo: Brasiliense, 1987. (Coleção Primeiros Passos).

BRASIL. Constituição (1824). **Coleção de Leis do Império do Brasil**, Rio de Janeiro, 25 mar. 1824. Disponível em: <https://www.planalto.gov.br/ccivil_03/constituicao/constituicao24.htm>. Acesso em: 14 abr. 2023.

BRASIL. Constituição (1891). **Diário Oficial da União**, Brasília, DF, 24 fev. 1891. Disponível em: <https://www.planalto.gov.br/ccivil_03/constituicao/constituicao91.htm>. Acesso em: 14 abr. 2023.

BRASIL. Constituição (1988). **Diário Oficial da União**, Brasília, DF, 5 out. 1988. Disponível em: <http://www.planalto.gov.br/ccivil_03/constituicao/constituicao.htm>. Acesso em: 14 abr. 2023.

BRASIL. Constituição (1988). Emenda Constitucional n. 14, de 12 de setembro de 1996. **Diário Oficial da União**, Poder Legislativo, Brasília, DF, 13 set. 1996a. Disponível em: <https://www.planalto.gov.br/ccivil_03/constituicao/emendas/emc/emc14.htm>. Acesso em: 14 abr. 2023.

BRASIL. Constituição (1988). Emenda Constitucional n. 108, de 26 de agosto de 2020. **Diário Oficial da União**, Poder Legislativo, Brasília, DF, 27 ago. 2020a. Disponível em: <https://www.planalto.gov.br/ccivil_03/constituicao/emendas/emc/emc108.htm>. Acesso em: 14 abr. 2023.

BRASIL. Decreto n. 3.029, de 9 de janeiro de 1881. **Coleção de Leis do Império do Brasil**, Poder Legislativo, Rio de Janeiro, 9 jan. 1881. Disponível em: <https://www2.camara.leg.br/legin/fed/decret/1824-1899/decreto-3029-9-janeiro-1881-546079-publicacaooriginal-59786-pl.html>. Acesso em: 14 abr. 2023.

BRASIL. Decreto n. 5.478, de 24 de junho de 2005. **Diário Oficial da União**, Poder Executivo, Brasília, DF, 27 jun. 2005. Disponível em: <https://www.planalto.gov.br/ccivil_03/_ato2004-2006/2005/decreto/d5478.htm>. Acesso em: 14 abr. 2023.

BRASIL. Decreto n. 5.840, de 13 de julho de 2006. **Diário Oficial da União**, Poder Executivo, Brasília, DF, 14 jul. 2006. Disponível em: <http://www.planalto.gov.br/ccivil_03/_ato2004-2006/2006/decreto/d5840.htm>. Acesso em: 14 abr. 2023.

BRASIL. Decreto n. 6.629, de 4 de novembro de 2008. **Diário Oficial da União**, Poder Executivo, Brasília, DF, 5 nov. 2008a. Disponível em: <http://www.planalto.gov.br/ccivil_03/_ato2007-2010/2008/decreto/d6629.htm>. Acesso em: 14 abr. 2023.

BRASIL. Decreto n. 7.247, de 19 de abril de 1879. **Coleção de Leis do Império do Brasil**, Poder Legislativo, Rio de Janeiro, 1879. Disponível em: <https://www2.camara.leg.br/legin/fed/decret/1824-1899/decreto-7247-19-abril-1879-547933-publicacaooriginal-62862-pe.html>. Acesso em: 14 abr. 2023.

BRASIL. Decreto n. 9.765, de 11 de abril de 2019. **Diário Oficial da União**, Poder Executivo, Brasília, DF, 11 abr. 2019a. Disponível em: <https://www.planalto.gov.br/ccivil_03/_ato2019-2022/2019/decreto/d9765.htm>. Acesso em: 14 abr. 2023.

BRASIL. Decreto n. 10.959, de 8 de fevereiro de 2022. **Diário Oficial da União**, Poder Executivo, Brasília, DF, 9 fev. 2022a. Disponível em: <http://www.planalto.gov.br/ccivil_03/_ato2019-2022/2022/decreto/D10959.htm>. Acesso em: 14 abr. 2023.

BRASIL. Decreto n. 19.513, de 25 de agosto de 1945. **Diário Oficial da União**, Poder Executivo, Brasília, DF, 30 ago. 1945. Disponível em: <https://www2.camara.leg.br/legin/fed/decret/1940-1949/decreto-19513-25-agosto-1945-479511-publicacaooriginal-1-pe.html#:~:text=Disposi%C3%A7%C3%B5es%20regulamentares%20destinadas%20a%20reger,que%20lhe%20confere%20o%20art.>. Acesso em: 14 abr. 2023.

BRASIL. Decreto n. 50.370, de 21 de março de 1961. **Diário Oficial da União**, Poder Executivo, Brasília, DF, 22 mar. 1961a. Disponível em: <https://www2.camara.leg.br/legin/fed/decret/1960-1969/decreto-50370-21-marco-1961-390046-publicacaooriginal-1-pe.html>. Acesso em: 14 abr. 2023.

BRASIL. Decreto n. 91.980, de 25 de novembro 1985. **Diário Oficial da União**, Poder Executivo, Brasília, DF, 26 nov. 1985. Disponível em: <https://www2.camara.leg.br/legin/fed/decret/1980-1987/decreto-91980-25-novembro-1985-442685-publicacaooriginal-1-pe.html>. Acesso em: 14 abr. 2023.

BRASIL. Decreto-Lei n. 8.529, de 2 de janeiro de 1946. **Diário Oficial da União**, Poder Executivo, Brasília, DF, 4 jan. 1946. Disponível em: <https://www2.camara.leg.br/legin/fed/declei/1940-1949/decreto-lei-8529-2-janeiro-1946-458442-publicacaooriginal-1-pe.html>. Acesso em: 14 abr. 2023.

BRASIL. Lei n. 16, de 12 de agosto de 1834. **Coleção de Leis do Império do Brasil**, Poder Legislativo, Rio de Janeiro, 1834. Disponível em: <https://www2.camara.leg.br/legin/fed/leimp/1824-1899/lei-16-12-agosto-1834-532609-publicacaooriginal-14881-pl.html>. Acesso em: 14 abr. 2023.

BRASIL. Lei n. 4.024, de 20 de dezembro de 1961. **Diário Oficial da União**, Poder Legislativo, Brasília, DF, 27 dez. 1961b. Disponível em: <http://www.planalto.gov.br/CCIVIL_03/leis/L4024.htm>. Acesso em: 14 abr. 2023.

BRASIL. Lei n. 5.379, de 15 de dezembro de 1967, **Diário Oficial da União**, Poder Legislativo, Brasília, DF, 19 dez. 1967. Disponível em: <https://www.planalto.gov.br/ccivil_03/leis/1950-1969/l5379.htm>. Acesso em: 14 abr. 2023.

BRASIL. Lei n. 5.692, de 11 de agosto de 1971. **Diário Oficial da União**, Poder Legislativo, Brasília, DF, 12 ago. 1971. Disponível em: <http://www.planalto.gov.br/ccivil_03/leis/L5692.htm>. Acesso em: 14 abr. 2023.

BRASIL. Lei n. 9.394, de 20 de dezembro de 1996. **Diário Oficial da União**, Poder Legislativo, Brasília, DF, 23 dez. 1996b. Disponível em: <https://www.planalto.gov.br/ccivil_03/leis/l9394.htm>. Acesso em: 14 abr. 2023.

BRASIL. Lei n. 9.424, de 24 de dezembro de 1996. **Diário Oficial da União**, Poder Legislativo, Brasília, DF, 26 dez. 1996c. Disponível em: <http://www.planalto.gov.br/ccivil_03/leis/l9424.htm>. Acesso em: 14 abr. 2023.

BRASIL. Lei n. 10.172, de 9 de janeiro de 2001. **Diário Oficial da União**, Poder Legislativo, Brasília, DF, 10 jan. 2001a. Disponível em: <https://www.planalto.gov.br/ccivil_03/leis/leis_2001/l10172.htm>. Acesso em: 14 abr. 2023.

BRASIL. Lei n. 10.195, de 14 de fevereiro de 2001. **Diário Oficial da União**, Poder Legislativo, Brasília, DF, 16 fev. 2001b. Disponível em: <http://www.planalto.gov.br/ccivil_03/leis/leis_2001/L10195.htm>. Acesso em: 14 abr. 2023.

BRASIL. Lei n. 10.880, de 9 de junho de 2004. **Diário Oficial da União**, Poder Legislativo, Brasília, DF, 11 jun. 2004. Disponível em: <http://www.planalto.gov.br/ccivil_03/_ato2004-2006/2004/lei/l10.880.htm>. Acesso em: 14 abr. 2023.

BRASIL. Lei n. 11.494, de 20 de junho de 2007. **Diário Oficial da União**, Poder Legislativo, Brasília, DF, 21 jun. 2007. Disponível em: <http://www.planalto.gov.br/ccivil_03/_ato2007-2010/2007/lei/l11494.htm>. Acesso em: 14 abr. 2023.

BRASIL. Lei n. 11.692, de 10 de junho de 2008. **Diário Oficial da União**, Poder Legislativo, Brasília, DF, 11 jun. 2008b. Disponível em: <http://www.planalto.gov.br/ccivil_03/_ato2007-2010/2008/lei/l11692.htm>. Acesso em: 14 abr. 2023.

BRASIL. Lei n. 13.005, de 25 de junho de 2014. **Diário Oficial da União**, Poder Legislativo, Brasília, DF, 26 jun. 2014a. Disponível em: <http://www.planalto.gov.br/ccivil_03/_ato2011-2014/2014/lei/l13005.htm>. Acesso em: 14 abr. 2023.

BRASIL. Ministério da Educação. **Base Nacional Comum Curricular**: educação é a base. Disponível em: <http://basenacionalcomum.mec.gov.br/>. Acesso em: 14 abr. 2023a.

BRASIL. Ministério da Educação. Conselho Nacional de Educação. Câmara de Educação Básica. Parecer n. 23, de 8 de outubro de 2008. **Diário Oficial da União**, Brasília, DF, 8 out. 2008c. Disponível em: <http://portal.mec.gov.br/index.php?option=com_docman&view=download&alias=14331-pceb023-08&Itemid=30192>. Acesso em: 14 abr. 2023.

BRASIL. Ministério da Educação. Conselho Nacional de Educação. Câmara de Educação Básica. Resolução n. 1, de 5 de julho de 2000. **Diário Oficial da União**, Brasília, DF, 19 jul. 2000. Disponível em: <http://portal.mec.gov.br/cne/arquivos/pdf/CEB012000.pdf>. Acesso em: 14 abr. 2023.

BRASIL. Ministério da Educação. Conselho Nacional de Educação. Câmara de Educação Básica. Resolução n. 1, de 25 de maio de 2021. **Diário Oficial da União**, Brasília, DF, 26 maio 2021a. Disponível em: <https://www.gov.br/mec/pt-br/media/acesso_informacacao/pdf/DiretrizesEJA.pdf>. Acesso em: 14 abr. 2023.

BRASIL. Ministério da Educação. Conselho Nacional de Educação. Câmara de Educação Básica. Resolução n. 3, de 15 de junho de 2010. **Diário Oficial da União**, Brasília, DF, 16 jun. 2010. Disponível em: <http://portal.mec.gov.br/index.php?option=com_docman&view=download&alias=5642-rceb003-10&category_slug=junho-2010-pdf&Itemid=30192>. Acesso em: 14 abr. 2023.

BRASIL. Ministério da Educação. Fundo Nacional de Desenvolvimento da Educação. Resolução n. 5, de 31 de março de 2017. **Diário Oficial da União**, Brasília, DF, 3 abr. 2017a. Disponível em: <https://www.mprj.mp.br/documents/20184/181398/resoluo_mec_fnde_n_005_2017_transferncia_de_recursos_financeiros_para_manuteno_de_novas_turmas_eja_a_partir_de_2017.pdf>. Acesso em: 14 abr. 2023.

BRASIL. Ministério da Educação. Fundo Nacional de Desenvolvimento da Educação. Resolução n. 7, de 27 de junho de 2022. **Diário Oficial da União**, Brasília, DF, 29 jun. 2022b. Disponível em: <https://www.in.gov.br/web/dou/-/resolucao-n-7-de-27-de-junho-de-2022-411023214>. Acesso em: 14 abr. 2023.

BRASIL. Ministério da Educação. Fundo Nacional de Desenvolvimento da Educação. Resolução n. 8, de 16 de abril de 2014. **Diário Oficial da União**, Brasília, DF, 17 abr. 2014b. Disponível em: <https://ppsinajuve.ibict.br/jspui/bitstream/123456789/372/1/resolucao_08_2014_MEC.pdf>. Acesso em: 14 abr. 2023.

BRASIL. Ministério da Educação. Fundo Nacional de Desenvolvimento da Educação. Resolução n. 11, de 6 de setembro de 2017. **Diário Oficial da União**, Brasília, DF, 8 set. 2017b. Disponível em: <https://ppsinajuve.ibict.br/jspui/bitstream/123456789/373/1/resolucao_11_2017_MEC.pdf>. Acesso em: 14 abr. 2023.

BRASIL. Ministério da Educação. Fundo Nacional de Desenvolvimento da Educação. Resolução n. 11, de 7 de outubro de 2020. **Diário Oficial da União**, Brasília, DF, 14 out. 2020b. Disponível em: <https://www.in.gov.br/web/dou/-/resolucao-n-11-de-7-de-outubro-de-2020-282473300>. Acesso em: 14 abr. 2023.

BRASIL. Ministério da Educação. Fundo Nacional de Desenvolvimento da Educação. Resolução n. 13, de 10 de setembro de 2021. **Diário Oficial da União**, Brasília, DF, 13 set. 2021b. Disponível em: <https://www.in.gov.br/en/web/dou/-/resolucao-n-13-de-10-de-setembro-de-2021-344164279>. Acesso em: 14 abr. 2023.

BRASIL. Ministério da Educação. Fundo Nacional de Desenvolvimento da Educação. Resolução n. 25, de 14 de dezembro de 2018. **Diário Oficial da União**, Brasília, DF, 17 dez. 2018. Disponível em: <https://www.in.gov.br/materia/-/asset_publisher/Kujrw0TZC2Mb/content/id/55445469/do1-2018-12-17-resolucao-n-25-de-14-de-dezembro-de-2018-55445338>. Acesso em: 14 abr. 2023.

BRASIL. Ministério da Educação. Fundo Nacional de Desenvolvimento da Educação. Resolução n. 48, de 2 de outubro de 2012. **Diário Oficial da União**, Brasília, DF, 3 out. 2012. Disponível em: <https://pronacampo.mec.gov.br/images/pdf/resoluca_48_02102012.pdf>. Acesso em: 14 abr. 2023.

BRASIL. Ministério da Educação. Instituto Nacional de Estudos e Pesquisas Educacionais Anísio Teixeira. Diretoria de Estudos Educacionais. **Plano Nacional de Educação (PNE) 2014-2024**: linha de base. Brasília, 2015. Disponível em: <https://download.inep.gov.br/publicacoes/institucionais/plano_nacional_de_educacao/plano_nacional_de_educacao_pne_2014_2024_linha_de_base.pdf>. Acesso em: 14 abr. 2023.

BRASIL. Ministério da Educação. Instituto Nacional de Estudos e Pesquisas Educacionais Anísio Teixeira. **Resumo técnico**: Censo Escolar da Educação Básica 2021. Brasília, DF: Inep, 2022c. Disponível em: <https://download.inep.gov.br/publicacoes/institucionais/estatisticas_e_indicadores/resumo_tecnico_censo_escolar_2021.pdf>. Acesso em: 14 abr. 2023.

BRASIL. Ministério da Educação. Portaria n. 1.570, de 20 de dezembro de 2017. **Diário Oficial da União**, Brasília, DF, 21 dez. 2017a. Disponível em: <http://basenacional comum.mec.gov.br/images/historico/PORTARIA1570DE22DEDEZEMBRODE2017.pdf>. Acesso em: 14 abr. 2023.

BRASIL. Ministério da Educação. **Projovem Campo – Saberes da Terra**: apresentação. Disponível em: <http://portal.mec.gov.br/projovem-campo--saberes-da-terra/apresentacao>. Acesso em: 14 abr. 2023b.

BRASIL. Ministério da Educação. **Projovem Campo – Saberes da Terra**. Disponível em: <http://portal.mec.gov.br/par/194-secretarias-112877938/secad-educacao-continuada-223369541/14147-projovem-campo-saberes-da-terra-sp-1598673448>. Acesso em: 14 abr. 2023c.

BRASIL. Ministério da Educação. Secretaria de Educação Continuada, Alfabetização e Diversidade. Diretoria de Políticas de Educação de Jovens e Adultos. **Princípios, diretrizes, estratégias e ações de apoio ao Programa Brasil Alfabetizado**: elementos para a formação de coordenadores de turmas e de alfabetizadores. Brasília, 2011. Disponível em: <http://portal.mec.gov.br/index.php?option=com_docman&view=download&alias=10022-diretrizes-principios-pba-secadi&category_slug=fevereiro-2012-pdf&Itemid=30192>. Acesso em: 14 abr. 2023.

BRASIL. Ministério da Educação. Secretaria de Alfabetização. **PNA**: Política Nacional de Alfabetização. Brasília, 2019b. Disponível em: <http://portal.mec.gov.br/images/banners/caderno_pna_final.pdf>. Acesso em: 14 abr. 2023.

BRASIL. Ministério do Desenvolvimento Agrário. Instituto Nacional de Colonização e Reforma Agrária. **Pronera**: Programa Nacional de Educação na Reforma Agrária – Manual de Operações. Brasília, 15 jan. 2016b. Disponível em: <https://www.gov.br/incra/pt-br/assuntos/reforma-agraria/manual_pronera__18.01.16.pdf>. Acesso em: 14 abr. 2023.

CARTA de Natal: Conape da esperança. In: FÓRUM NACIONAL POPULAR DE EDUCAÇÃO – FNPE; CONFERÊNCIA NACIONAL POPULAR DE EDUCAÇÃO – CONAPE, 2022, Natal. **Anais**... Disponível em: <https://fnpe.com.br/wp-content/uploads/2022/07/Carta-Natal-Conape-2022-finalizada-para-publicac%CC%A7a%CC%83o12h18.pdf>. Acesso em: 23 mar. 2022.

CARVALHO, M. P. O financiamento da EJA no Brasil: repercussões iniciais do Fundeb. **Revista Brasileira de Política e Administração da Educação**, v. 30, n. 3, p. 635-655, set./dez. 2014. Disponível em: <https://seer.ufrgs.br/index.php/rbpae/article/view/57618>. Acesso em 5 jul. 2023.

DI PIERRO, M. C. O impacto da inclusão da educação de jovens e adultos no Fundo de Manutenção e Desenvolvimento da Educação Básica: um estudo em municípios paulistas. **Em Aberto**, Brasília, v. 28, n. 93, p. 119-130, jan./jun. 2015. Disponível em: <http://www.emaberto.inep.gov.br/ojs3/index.php/emaberto/article/view/2524>. Acesso em: 2 jun. 2022.

FANTINATO, M. C. de C. B. A construção de saberes matemáticos entre jovens e adultos do Morro de São Carlos. **Revista Brasileira de Educação**, Rio de Janeiro, n. 27, p. 109-124, set./dez. 2004. Disponível em: <https://www.scielo.br/j/rbedu/a/6xBvDs8HY6G3TTNvXb5TbkN/abstract/?lang=pt>. Acesso em: 14 abr. 2023.

FREIRE, P. **Ação cultural para a liberdade e outros escritos**. Rio de Janeiro: Paz e Terra, 1976.

FREIRE, P. Educação de adultos: algumas reflexões. In: GADOTTI, M.; ROMÃO, J. E. (Org.). **Educação de jovens e adultos**: teoria prática e proposta. 7. ed. São Paulo: Cortez, 2005. p. 15-17.

FREIRE, P. **Pedagogia da autonomia**: saberes necessários à prática educativa. 58. ed. Rio de Janeiro: Paz e Terra, 1997.

FREIRE, P. **Pedagogia do oprimido**. 17. ed. Rio de Janeiro: Paz e Terra, 1987.

FRIGOTTO, G.; CIAVATTA, M.; RAMOS, M. A política de educação profissional no governo Lula: um percurso histórico controvertido. **Educação & Sociedade**, Campinas, v. 26, n. 92, p. 1087-1113, out. 2005. Disponível em: <https://www.scielo.br/j/es/a/ynppThv4sMqrxDRg8XLxjqv/>. Acesso em: 14 abr. 2023.

GADOTTI, M. A voz do biógrafo brasileiro: a prática à altura do sonho. In: GADOTTI, M. (Org.). **Paulo Freire**: uma biobibliografia. São Paulo: Cortez; Instituto Paulo Freire, 1996. p. 69-116. Disponível em: <http://memorial.paulofreire.org/pdfs/A%20voz%20do%20biografo%20brasileiro%20A%20pratica%20a%20altura%20do%20sonho.pdf>. Acesso em: 14 abr. 2023.

GADOTTI, M. Educação de jovens e adultos: correntes e tendências. In: GADOTTI, M.; ROMÃO, J. E. (Org.). **Educação de jovens e adultos**: teoria, prática e proposta. 7. ed. São Paulo: Cortez, 2005a. p. 29-40.

GADOTTI, M. O Mova-SP: Estado e movimentos populares. In: GADOTTI, M.; ROMÃO, J. E. (Org.). **Educação de jovens e adultos**: teoria, prática e proposta. 7. ed. São Paulo: Cortez, 2005b. p. 91-96.

HADDAD, S.; DI PIERRO, M. C. Aprendizagem de jovens e adultos: avaliação da década da educação para todos. **São Paulo em Perspectiva**, São Paulo, v. 14, n. 1, p. 29-40, mar. 2000. Disponível em: <https://www.scielo.br/j/spp/a/x3N4WZhMQDCWFMnR73wYvMK/?lang=pt>. Acesso em: 14 abr. 2023.

HISTÓRICO DO MOVA BRASIL. In: ENCONTRO NACIONAL DA REDE MOVA, 5., 2005, Luziânia. Disponível em: <http://forumeja.org.br/node/1194>. Acesso em: 14 abr. 2023.

IBGE – Instituto Brasileiro de Geografia e Estatística. **Censo Agropecuário 2017**. 2017. Disponível em: <https://censoagro2017.ibge.gov.br/templates/censo_agro/resultadosagro/index.html>. Acesso em: 22 mar. 2023.

IBGE – Instituto Brasileiro de Geografia e Estatística. **PNAD Contínua – Pesquisa Nacional por Amostra de Domicílios Contínua**: Educação 2019. Rio de Janeiro, 2020. Disponível em: <https://biblioteca.ibge.gov.br/visualizacao/livros/liv101736_informativo.pdf>. Acesso em: 22 mar. 2023.

IBGE – Instituto Brasileiro de Geografia e Estatística. **Síntese de indicadores sociais**: uma análise das condições de vida da população brasileira 2016. Rio de Janeiro, 2016. (Série Estudos & pesquisas: informação demográfica e socioeconômica, n. 36). Disponível em: <https://biblioteca.ibge.gov.br/visualizacao/livros/liv98965.pdf>. Acesso em: 13 abr. 2023.

INAF – Indicador de Alfabetismo Funcional. **Alfabetismo no Brasil**. 2018. Disponível em: <https://alfabetismofuncional.org.br/alfabetismo-no-brasil/>. Acesso em: 23 mar. 2023.

KLEIMAN, A. B. Histórico da proposta de (auto)formação: confrontos e ajustes de perspectivas. In: KLEIMAN, A. B.; SIGNORINI, I. (Org.). **O ensino e a formação do professor**: alfabetização de jovens e adultos. Porto Alegre: Artmed, 2000. p. 17-39.

KLEIN, L. R. **Alfabetização de jovens e adultos**: questões e propostas para a prática pedagógica na perspectiva histórica. Brasília: Universa, 2003.

LEITE, S. C. **Escola rural**: urbanização e políticas educacionais. São Paulo: Cortez, 1999.

MACHADO, M. M. A educação de jovens e adultos no Brasil pós Lei nº 9.394/96: a possibilidade de constituir-se como política pública. **Em Aberto**, Brasília, v. 22, n. 82, p. 17-39, nov. 2009. Disponível em: <http://repositorio.bc.ufg.br/handle/ri/13004>. Acesso em: 3 jun. 2022.

MELO, O. C. **Alfabetização e trabalhadores**: o contraponto do discurso oficial. Campinas: Ed. da Unicamp; Goiânia: Ed. da UFG, 1997.

MIZUKAMI, M. da. G. N. **Ensino**: as abordagens do processo. São Paulo: EPU, 1986.

MOURA, T. M. de M. **A prática pedagógica dos alfabetizadores de jovens e adultos**: contribuições de Freire, Ferreiro e Vygotsky. Maceió: Inep/Edufal, 1999.

MST – Movimento dos Trabalhadores Rurais Sem Terra. **Princípios da educação no MST**. 2. ed. São Paulo: MST, 1997. (Caderno de Educação, n. 8). Disponível em: <https://mst.org.br/download/mst-caderno-da-educacao-no-08-principios-da-educacao-no-mst/>. Acesso em: 14 abr. 2023.

OLIVEIRA, I. B. de. Reflexões acerca da organização curricular e das práticas pedagógicas na EJA. **Educar**, Curitiba, n. 29, p. 83-100, jun. 2007. Disponível em: <https://www.scielo.br/j/er/a/hFjkmDxbZLwGBdLx8R4XhgS/abstract/?lang=pt>. Acesso em: 14 abr. 2023.

PAIVA, J. A construção coletiva da política de educação de jovens e adultos no Brasil. **Em Aberto**, Brasília, v. 22, n. 82, p. 59-71, nov. 2009. Disponível em: <http://rbep.inep.gov.br/ojs3/index.php/emaberto/article/view/2448>. Acesso em: 14 abr. 2023.

PAIVA, V. P. **Educação popular e educação de adultos**. 4. ed. São Paulo: Loyola, 1987.

PINTO, A. V. **Sete lições sobre a educação de adultos**. 11. ed. São Paulo: Cortez, 2000.

PORTAL FÓRUM EJA. **Relatório-Síntese do VII Encontro Nacional de Educação de Jovens e Adultos**. Luziânia – GO, 2005. Disponível em: <http://forumeja.org.br/node/35>. Acesso em: 5 jul. 2023.

PROJETO TERRA SOLIDÁRIA. **População e agricultura familiar na Região Sul**. Central Única dos Trabalhadores: Florianópolis: CUT/Deser, 2000.

PROJOVEM Urbano – Programa Nacional de Inclusão de Jovens. **Gov.br**, 13 mar. 2018. Disponível em: <https://www.gov.br/fnde/pt-br/acesso-a-informacao/acoes-e-programas/programas/programas_suplementares/eja/ps-projovem-urbano>. Acesso em: 14 abr. 2023.

RESENDE, M. S. **A geografia do aluno trabalhador**: caminhos para uma prática de ensino. São Paulo: Loyola, 1989.

RUMMERT, S. M.; VENTURA, J. P. Políticas públicas para a educação de jovens e adultos no Brasil: a permanente (re)construção da subalternidade – considerações sobre os Programas Brasil Alfabetizado e Fazendo Escola. **Educar**, Curitiba, n. 29, p. 29-45, jan./jun. 2007. Disponível em: <https://www.scielo.br/j/er/a/SgSTznjML3Hzt9cTgqSBbKK/abstract/?lang=pt>. Acesso em: 14 abr. 2023.

SAUL, A. M.; SILVA, A. F. G. O legado de Paulo Freire para as políticas de currículo e para a formação de educadores no Brasil. **Revista Brasileira de Estudos Pedagógicos**, Brasília, v. 90, n. 224, p. 223-244, jan./abr. 2009. Disponível em: <http://rbep.inep.gov.br/ojs3/index.php/rbep/article/view/928/675>. Acesso em: 14 abr. 2023.

SIGNORINI, I. O contexto sociocultural e econômico: às margens da sociedade letrada. In: In: KLEIMAN, A. B.; SIGNORINI, I. (Org.). **O ensino e a formação do professor**: alfabetização de jovens e adultos. Porto Alegre: Artmed, 2000. p. 40-53.

SOARES, L. **Educação de jovens e adultos**. Rio de Janeiro: DP&A, 2002.

SOARES, M. Letramento e alfabetização: as muitas faces. **Revista Brasileira de Educação**, Rio de Janeiro, n. 25, p. 5-17, jan./abr. 2004. Disponível em: <https://www.scielo.br/j/rbedu/a/89tX3SGw5G4dNWdHRkRxrZk/?format=pdf>. Acesso em: 14 abr. 2023.

SOUZA, F. A. de. Os novos e velhos problemas do "novo Fundeb": análise da Emenda Constitucional 108/2020. **Vértices**, Campo de Goitacazes, v. 23, n. 3, p. 788-802, set./dez. 2021. Disponível em: <https://editoraessentia.iff.edu.br/index.php/vertices/article/view/15888>. Acesso em: 14 abr. 2023.

SOUZA, J. F. de; MOTA, K. M. S. O silêncio é de outro e a palavra é de prata? Considerações acerca do espaço da oralidade em educação de jovens e adultos. **Revista Brasileira de Educação**, v. 12, n. 36, p. 505-551, set./dez. 2007. Disponível em: <https://www.scielo.br/j/rbedu/a/w6JZtHvtP8WrvB7BYmJKM9r/?lang=pt>. Acesso em: 14 abr. 2023.

SOUZA, M. A. **Educação do campo**: propostas e práticas pedagógicas do MST. Petrópolis: Vozes, 2006.

UNESCO – Organização das Nações Unidas para a Educação, a Ciência e a Cultura. **4º relatório global sobre aprendizagem e educação de adultos**: não deixar ninguém para trás; participação, equidade e inclusão. Brasília, 2020. Disponível em: <https://unesdoc.unesco.org/ark:/48223/pf0000374407>. Acesso em: 24 mar. 2023.

UNICEF – Fundo das Nações Unidas para a Infância. **Declaração Mundial sobre Educação para Todos**: plano de ação para satisfazer as necessidades básicas de aprendizagem. Jomtien, Tailândia, 1990. Disponível em: <https://www.unicef.org/brazil/declaracao-mundial-sobre-educacao-para-todos-conferencia-de-jomtien-1990>. Acesso em: 5 jul. 2023.

Bibliografia comentada

ARROYO, M. G. **Passageiros da noite**: do trabalho para a EJA – itinerários pelo direito a uma vista justa. Petrópolis: Vozes, 2017.

Os passageiros da noite são os estudantes da educação de jovens e adultos (EJA), com trajetórias de trabalho ou busca de emprego, sendo considerados sujeitos de pedagogias, o que instiga os interessados no tema a pensar os jovens e adultos como sujeitos de direitos e sujeitos coletivos de direitos.

BRANDÃO, C. R. **O que é método Paulo Freire**. 13. ed. São Paulo: Brasiliense, 1987. (Coleção Primeiros Passos).

A obra caracteriza o método Paulo Freire, em especial os procedimentos para identificação do universo vocabular, as palavras geradoras e os temas geradores. Também mostra os círculos de cultura, tão significativos para a educação de adultos. É um exemplar voltado ao estudo da educação de adultos desde a prática educativa.

FREIRE, P. **Pedagogia do oprimido**. 17. ed. Rio de Janeiro: Paz e Terra, 1987.

A obra é exemplar para aprofundar a prática da EJA na perspectiva dos temas geradores. Nela, o autor diferencia a educação bancária da educação dialógica, traz uma descrição sobre o processo de investigação na identificação dos temas geradores na educação de jovens e adultos. Esse livro foi traduzido em diversas línguas e é um clássico da educação, especialmente a voltada aos movimentos sociais populares.

LEAL, T. F.; ALBUQUERQUE, E. B. C. (Org.). **Desafios da educação de jovens e adultos**: construindo práticas de alfabetização. Belo Horizonte: Autêntica, 2005.

Esse é um livro que traz aspectos da formação continuada de educadores vinculados à EJA no contexto do Programa Brasil Alfabetizado. Seu estudo é fundamental porque revela aspectos que marcam a prática da alfabetização e a busca de superação de desafios no contexto de um programa governamental.

MANSUTTI, M. A. (Coord.). **Em busca de saídas para a crise das políticas públicas de EJA**. São Paulo: Movimento pela Base; Ação Educativa; Cenpec; IPF, 2022. Disponível em: <https://acaoeducativa.org.br/wp-content/uploads/2022/10/Dossie_EJA-versao-03-10-2022.pdf>. Acesso em: 18 abr. 2023.

Trata-se de um dossiê produzido por um coletivo de pesquisadores e de organizações. A obra contém a trajetória da educação de adultos e, posteriormente, da EJA desde a década de 1940. É instigante por sua análise das duas décadas do século XXI e por incluir postura crítica e propostas para a EJA no Brasil.

PAIVA, V. P. **Educação popular e educação de adultos**. 4. ed. São Paulo: Loyola, 1987.

Essa obra traz a trajetória da educação popular no Brasil. A autora destaca as diferenças entre a educação popular e a educação de adultos. É referência no estudo da história da educação brasileira, em particular no que se refere à educação de adultos.

PINTO, A. V. **Sete lições sobre a educação de adultos**. 11. ed. São Paulo: Cortez, 2000.

Essa obra é um clássico da educação de adultos. Traz a perspectiva transformadora da educação voltada à classe trabalhadora e defende a alfabetização como ato de conhecimento. Permite a compreensão das contradições da sociedade brasileira que geram a educação de adultos e defende a intencionalidade política da educação e da educação de adultos.

REVISTA E-MOSAICOS. v. 10, n. 24, 2021. **Dossiê Temático**: 20 anos das Diretrizes Curriculares Nacionais para a Educação de Jovens e Adultos. Disponível em: <https://www.e-publicacoes.uerj.br/index.php/e-mosaicos/issue/view/2518/showToc>. Acesso em: 23 mar. 2023.

Trata-se de uma publicação de 2021 que contém artigos que possibilitam a compreensão dos avanços e recuos das diretrizes nacionais (curriculares e operacionais) da EJA no Brasil.

UNESCO – Organização das Nações Unidas para a Educação, a Ciência e a Cultura. **4º relatório global sobre aprendizagem e educação de adultos**: não deixar ninguém para trás; participação, equidade e inclusão. Brasília, 2020. Disponível em: <https://unesdoc.unesco.org/ark:/48223/pf0000374407>. Acesso em: 24 mar. 2023.

Esse é um texto que traz dados da educação de jovens e adultos em 159 país do mundo.

Respostas

Capítulo 1

1. a
2. b
3. b
4. c
5. d

Capítulo 2

1. d
2. b
3. b
4. a
5. e

Capítulo 3

1. a
2. a
3. b
4. d
5. c

Capítulo 4

1. a
2. b
3. d
4. b
5. e

Sobre a autora

Maria Antônia de Souza é doutora e mestre em Educação pela Universidade Estadual de Campinas (Unicamp) e graduada em Geografia pela Universidade Estadual Paulista "Júlio Mesquita" (Unesp) – campus Presidente Prudente. Atua como professora da Universidade Estadual de Ponta Grossa (UEPG), no curso de Pedagogia e no Mestrado Profissional em Educação Inclusiva (Profei), e da Universidade Tuiuti do Paraná (UTP), no curso de Pedagogia e no Programa de Pós-Graduação, Mestrado e Doutorado em Educação (PPGEd). Integra o corpo docente da Linha de Pesquisa Práticas Pedagógicas: Elementos Articuladores na UTP. É autora e organizadora de diversos livros na área de educação. Trabalhou em projetos de educação de jovens e adultos em assentamentos da reforma agrária. Pesquisa movimentos sociais e educação do campo, práticas pedagógicas, educação do campo e movimentos sociais. É bolsista de produtividade em pesquisa do Conselho Nacional de Desenvolvimento Científico e Tecnológico (CNPq). Coordena o Núcleo de Pesquisa em Educação do Campo, Movimentos Sociais e Práticas Pedagógicas (Nupecamp) do PPGEd da UTP.

Os papéis utilizados neste livro, certificados por instituições ambientais competentes, são recicláveis, provenientes de fontes renováveis e, portanto, um meio **responsável** e natural de informação e conhecimento.

FSC
www.fsc.org
MISTO
Papel | Apoiando
o manejo florestal
responsável
FSC® C103535

Impressão: Reproset